El mundo está en venta

¡Véndelo tú!

Jordi Macarulla

www.artgerust.com

ISBN Papel: 978-84-16444-15-1
ISBN EPUB: 978-84-16444-16-8

Produce: Gerüst Creaciones S. L. *(www.artgerust.com)*

Este libro está dedicado a todas aquellas personas que han decidido consagrar su vida profesional al desarrollo de una empresa en su aspecto comercial y de mercado, desde la óptica del liderazgo estratégico.

AGRADECIMIENTOS

Mi agradecimiento es para todo el entorno profesional que me ha rodeado durante los más de 40 años de profesión.

En él incluyo por igual tanto a los compañeros de trabajo con los que he compartido horas y horas de angustias, sufrimientos y alegrías, como a los colegas de profesión, y sin duda a todos mis clientes, que son los que verdaderamente me han permitido afianzar mi desarrollo como profesional del Comercio, en toda la extensión de la palabra.

ÍNDICE

PRÓLOGO

Prologar el libro de Jordi Macarulla, *El mundo está en venta,* que el lector tiene en sus manos, no es tarea fácil. Y no lo es porque está escrito desde una alta condensación entre varios factores. Como él dice, una «guía estratégica para el liderazgo comercial», en donde se combinan una serie de recomendaciones, surgidas de experiencias vividas, aspectos técnicos, comerciales y de márketing, entre otros.

Creo que, cuando nos comenta las conclusiones de diversas situaciones vividas, con los clientes o potenciales clientes y el entorno del equipo en el que ha interaccionado, hace un resumen completo de eso tan difícil de describir que es la combinación de la utilidad mutua del pacto comercial, con las condiciones psicológicas que lo han facilitado.

Y ahí, precisamente ahí, es donde radica el valor añadido del libro que Jordi Macarulla nos ofrece.

Escrito desde la brevedad, pero con una alta concisión, él dice: «No sobra ninguna palabra», el lector lo puede leer rápidamente, pero debe volver al mensaje, *degustarlo,* si quiere aprovecharlo.

Desde que el mercado español dejó de ser un mercado de oferta, en donde la primacía era la producción (años setenta) y la competencia empezó a introducir la planificación estratégica y el uso del márketing, se promueve en definitiva la relevancia de la Dirección Comercial.

Me viene a la memoria aquel mítico libro de Pedro de Toledo, *La dirección comercial en un mercado competitivo,* cuando creo que Pedro trabajaba en la sucursal española de General Electric Co., en Bilbao.

Desde aquellos tiempos hasta la actualidad, hemos vivido dos grandes cambios: la explosión económica de la industria española de los años ochenta y posteriormente la globalización, primero a nivel europeo y después mundial.

Explica Jordi que su empresa pasó de ser una empresa de capital local a formar parte de una multinacional alemana, luego austríaca y finalmente hindú. Mejor muestra del cambio, pocas.

Desde hace algún tiempo, han proliferado las obras que, en su mayor parte escritas desde el profesorado de las escuelas de negocios, han ido avanzando en las técnicas de la planificación, sus focos comerciales y de márketing, etc., etc.

Pero, curiosamente, son escasas las obras de experiencias, técnicas y emocionales, de los protagonistas de esta sensacional evolución que, como Jordi, han tenido el privilegio de vivir.

Y, como el estilo de redacción, insisto, es condensado y de fácil comprensión, invito a los lectores interesados a pensar y a asimilar las conclusiones que ofrece este representante y actor, en su sitio y en su lugar, de esta cautivadora etapa que les ha tocado de vivir.

Además, lo hace bien, poco se le escapa de lo que quiere destacar, razón de más para que, insisto, sea muy recomendable.

Y ya por último, déjenme decir que a los jóvenes profesionales de hoy, atareados como están en sus responsabilidades, viajes, conferencias, reuniones, etcétera, les tengo que sermonear un poco, por lo poco o nada de afición que tienen a la «historia de los predecesores». Ya me entienden...

También, abundo, este libro está en esta categoría. Por ello, otra razón más para recomendarlo.

Gracias, Jordi, por tu libro.

Juan José Brugera
Presidente de la Universidad Ramón Llull CORL
Ex presidente ESADE
Presidente de Inmobiliaria Colonial SA

INTRODUCCIÓN

Me jubilé con 68 años, de los cuales más de 40 los invertí en la industria de la fabricación de componentes para la automoción, y siempre dentro de una multinacional que fue de creación española, después alemana, luego austríaca, y finalmente hindú.

En base a mi formación de Ingeniero Industrial, mi inicio profesional fue científico, para pasar con cierta rapidez al dominio técnico y productivo.

Después de una amplia experiencia como director de división, consagré mis últimos 30 años de profesión al desarrollo y comercialización de los productos fabricados, en calidad de gerente comercial y de desarrollo.

Para ofrecer una idea dimensional de la industria a la que me refiero, comentaré que nuestra unidad productiva en España empleaba unas 350 personas, tenía una facturación de unos 50 millones de euros, enviaba sus productos a más de 50 destinos diferentes, situados en los cinco continentes, y nuestros clientes formaban parte de la élite de la automoción mundial.

Antes de abordar algunas especificidades de mi actuación profesional, debo resaltar que el mercado que desarrollé era el de la aplicación de productos técnicos, previamente diseñados por la ingeniería del cliente o bien diseñados y desarrollados por nuestra ingeniería en base a unos «pliegos de condiciones» establecidos previamente por el cliente.

No se trataba por tanto de comercializar productos destinados al gran consumo, ni a los grandes centros de distribución, ni a grandes superficies.

La venta por internet o a través de redes sociales era prácticamente inexistente.

Centrados en el tipo de producto de alta tecnología, y dirigido a centros de compras altamente preparados y profesionalizados de la automoción, podemos iniciar la fase de connotaciones estratégicas.

Mi actuación profesional giró alrededor de tres ejes fundamentales:

-El servicio y satisfacción del CLIENTE, considerado como centro neurálgico de mi desarrollo profesional.

-El conocimiento y desarrollo del PRODUCTO que el cliente consumía y mi empresa producía.

-Mi aportación al progreso del NEGOCIO, tanto desde la vertiente del productor como desde la vertiente del consumidor.

Estos 40 años de actividad comercial me permitieron acumular una importante experiencia en el campo del *management* comercial, circunstancia que quisiera aprovechar para ofrecer una serie de recomendaciones estratégicas en campos diversos como la formación de actitudes directivas, el análisis de problemas y la toma de decisiones, negociaciones, etcétera, todas ellas dirigidas a conseguir el éxito en los tres ejes de actuación mencionados.

Dentro de las diversas consideraciones sobre las jerarquías de la ciencia del *management*, opté claramente por la de convertir al *cliente* en centro de rotación de las otras funciones principales como márketing, producción, innovación, *stakeholders* o beneficio.

Se trataba de *conocer* al cliente en todas sus necesidades profesionales y convertirse en su otro *yo* capaz de satisfacérselas. Es el denominado «Customer Intimacy».

Para llevar a término con éxito esta función, son necesarios una serie de conocimientos y requisitos que de forma amplia vamos a desarrollar.

Las habilidades directivas pueden y deben ser aprendidas.

Queremos resaltar que detrás de las tecnologías más modernas y de última generación HAY PERSONAS.

Queremos resaltar que detrás de las decisiones más difíciles y complejas HAY PERSONAS.

Queremos resaltar que detrás de las negociaciones más feroces y duraderas HAY PERSONAS.

En estos 40 años de dilatada experiencia comercial, he vivido la gran evolución tecnológica de las herramientas de gestión y de comunicación, pero también he vivido el escaso cambio producido en el comportamiento humano de mis interlocutores.

Lo que se pretende es aportar una amplia experiencia a estas PERSONAS, para que puedan adquirir una preparación estratégica que les facilite y aumente la oportunidad de conseguir los objetivos planeados y asumidos.

Por obvias que puedan parecer alguna de las recomendaciones, es necesario analizarlas y seguirlas.

No hay consejos inútiles, sino aplicaciones incorrectas.

La aplicación de los consejos estratégicos del tratado es válida para la comercialización de cualquier producto manufacturado y vendido a una central de compras, sea directamente o a través de subastas *on line*.

Apliquemos el principio de que lo cambiante es la tecnología y lo fijo y duradero el sentido común y el comportamiento humano.

En este tratado, aparte de revisar brevemente la evolución histórica del *management*, trataremos con detalle las recomendaciones estratégicas, así como la formación específica que se necesita para triunfar en la gestión del *managemet* comercial operativo.

Pretendemos formalizar una guía de actuación a la que cualquier profesional del «Commercial Business» pueda acudir y utilizarla como consulta.

He procurado utilizar un lenguaje llano de fácil lectura y comprensión inmediata. También he procurado adornar el texto con algunas anécdotas de mi vida profesional, mencionando que, a pesar del carácter jocoso de alguna de ellas, hay que tomar la parte de enseñanza que cada una de ellas contiene y ofrece.

Ninguna palabra de este tratado es gratuita.

Este es el resumen de mi experiencia. Ahora te toca escribir la tuya.

Gracias por leerme.

Jordi Macarulla
Bellaterra. Primavera, 2015

ANÉCDOTA 1
El Rápido de Bucarest

Formando parte de la organización de una empresa, siempre han existido varias divisiones aplicadas al personal de la misma:

-Directos e indirectos.

-Operarios y administrativos.

-Operarios, empleados y cuadros, o jefes.

Aparte de todos ellos, han existido siempre los integrantes de la dirección, que suele ser un colectivo separado y definido.

También como colectivo especial, y poseedor de atribuciones específicas, han estado siempre los integrantes del comité de empresa.

Esta es la historia

Cuando entré en la empresa en mi condición de Ingeniero Industrial, lo hice como jefe de laboratorio.

Dada mi condición profesional, recibí el beneplácito de la dirección cuando mis compañeros me solicitaron que me presentase para formar parte del comité de empresa, en representación del colectivo de técnicos y administrativos.

El tema era nuevo para mí y consideré que me serviría para ir adquiriendo experiencia en los diversos campos sociales de la empresa.

Al cabo de un tiempo, se atravesaron momentos difíciles con riesgo de continuidad de la compañía, se produjeron algunas salidas de personal y con ello algunos incidentes laborales.

Dado que mi visión de los problemas, así como la forma de abordarlos, estaba más en línea con los planteamientos de la empresa, pronto fui increpado por mis compañeros sindicales, que no aceptaban mis razonamientos, más cercanos a la continuidad global de la actividad que no a la continuidad individual de alguno de los afectados.

Fruto de todo ello fue que mi nombre apareció en algunos de los papeles que se colgaron en el tablón de anuncios del comité.

Como físicamente he mostrado siempre un aspecto muy activo y mis desplazamientos han sido siempre rápidos, me sacaron el nombre de «El Rápido de Bucarest».

Dada mi juventud y mi escasa, por no decir nula, experiencia en estos menesteres, verme señalado en estos panfletos, y encima con sobrenombre, me impresionó mucho y, sinceramente, me afectó y me creó fuertes preocupaciones.

Tan mal lo pasaba, tanto en la empresa como en casa, que al final me decidí a ir a ver al director general a contarle el motivo de mi angustia.

Después de explicarle lo más detalladamente posible cuál era el origen de mi disgusto y de mi inquietud, me cogió por el brazo y estrechándome su mano me dijo: «Jordi, hasta ahora eras considerado como el jefe del laboratorio, pero con esta actitud has superado la barrera que está reservada para los directivos de una empresa. Bienvenido al colectivo de los directivos».

Formé parte de la dirección de la empresa durante más de 30 años y ocupé las direcciones Técnica, de Desarrollo, Industrial, de División, de Recursos Humanos y de Ventas y Márketing.

COROLARIO

Es importante definirse profesionalmente y, una vez lograda y asumida esta definición, luchar sin descanso por su desarrollo y progreso.

La definición profesional que elijas, que sea porque crees en ella y en ella veas el sentido de tu profesión.

La empresa necesita para progresar que esté gestionada por personas que crean en ella y que luchen y se sacrifiquen por ella.

CAPÍTULO 1

DESARROLLO FORMATIVO DE LA FUNCIÓN

ANTECEDENTES

La formación de los directivos se convierte en fundamental a partir del último tercio del siglo pasado y a raíz del desarrollo del llamado «mercado global».

El acceso a mercados foráneos y la invasión de productos y competidores igualmente foráneos convierten la figura profesional del líder comercial en el centro neurálgico necesario para la evolución positiva de la empresa. No existe más la figura del *experto* en ventas que se había desarrollado a mediados del siglo XX, ni tampoco las tradicionales «puestas al día» del directivo, sino una nueva formación que pasará a constituir el núcleo del «*management* comercial».

Grandes autores del *management* como Elton Mayo y el propio Douglas Mc Gregor desarrollan la teoría de que la integración del hombre en la empresa no resiste los viejos conceptos de autocracia y disciplina, y el valor del grupo y la eficacia de la participación pasan a ser claves en el desarrollo empresarial, desplazando el criterio de la diferenciación personal y comunicación mínima.

Otro de los grandes autores, Peter Drucker, a través de sus tratados *The Practice of Management* y *The Effective Executive*, sigue ilustrando la práctica cotidiana de los directivos y sigue siendo base de actuación del directivo eficaz.

De este modo, aunque la formación del líder moderno tiene una gran componente tecnológica y organizativa, no menos importante es la componente de formación en relaciones humanas y conducción de grupos.

Después de estas reflexiones, entraríamos en el campo de analizar las cualidades deseables en un alto directivo.

En el verdadero mundo de los negocios, los hábitos del directivo deben ser desarrollados y su evolución es la que permite labrarse un camino de éxito como directivo de alto nivel.

La siguiente relación de cualidades aparece en forma común en los directivos de éxito:

-Una fascinación por los asuntos de negocios a alto nivel.

-El coraje de arriesgar su carrera por sus decisiones.

-La disposición de asumir responsabilidades que a menudo comportan un grado de impopularidad.

-El talento de ser capaz de realizar cosas y conseguir resultados a través de los demás.

-La habilidad de comunicarse con efectividad.

-El arte de tomar decisiones sólidas.

De todas ellas, el arte de tomar decisiones sólidas es el aspecto más importante para la carrera del alto directivo.

LA EFICACIA Y LAS ACTITUDES DIRECTIVAS

Para Peter Drucker hay que resaltar la necesidad de valorar cualquier cualidad directiva (inteligencia, cocimiento, creatividad...) por medio de la eficacia, y que esta eficacia se desarrolle con la práctica y a través de la aplicación de los hábitos del directivo eficaz.

Teniendo en cuenta que cualquier directivo por sí solo no puede abordar el progreso de la empresa, y necesariamente **obtiene resultados a través de los demás,** debe mejorar su eficacia mediante la práctica de cinco hábitos fundamentales:

-Sensibilidad al paso del tiempo.

-Conciencia de desarrollo de la función.

-Orientación hacia el futuro.

-Aprovechamiento óptimo de la capacidad de sus colaboradores.

-Proceso lógico en análisis de problemas y toma de decisiones.

SENSIBILIDAD AL PASO DEL TIEMPO

El tiempo no es oro, sino mucho más que eso, puesto que es inelástico, no se puede comprar ni almacenar, ni tampoco se puede sustituir por otro concepto o materia.

De nada nos sirve quejarnos de la falta de tiempo. Tampoco sirve *planificar* si después llevados por las circunstancias actuamos de forma distinta a la planificada.

Hemos de ser sensibles al paso del tiempo y a su utilización, y aplicar el mejor método y análisis para su empleo eficaz.

Tres aspectos son fundamentales para su mejor aprovechamiento:

-El análisis del tiempo.

-El empleo de ciertos medios.

-La delegación de funciones.

Tenemos tendencia a realizar lo que nos gusta y dejar para más tarde el trabajo difícil o incómodo que nos atrae menos.

También tenemos tendencia a resolver el trabajo que corresponde a nuestros colaboradores, olvidando lo esencial, que es lo que nos pertenece a nosotros. Hemos de ser muy conscientes de lo delegable y de lo propio.

Dentro de esta delegación de funciones se establece lo que podemos considerar como *filtro* de información y de actuación.

La delegación de funciones con supervisión y exigencia de responsabilidades es el medio más eficaz para el ahorro de tiempo.

CONCIENCIA DEL DESARROLLO DE LA FUNCIÓN

El directivo absorbido por el desempeño de la función y arrastrado por las circunstancias, suele disminuir la dedicación a funciones que le son propias, y entre ellas la más importante: la función de planificación o desarrollo del Plan Estratégico.

Es fundamental no dejarse absorber por el día a día y dedicarse al desarrollo del propio puesto que para la alta dirección coincide con el de la empresa.

Una resolución eficaz del día a día no justifica el progreso profesional del actor ni una recomendación para asumir retos de mayor nivel y envergadura.

El desarrollo del propio cargo debe hacerse en el marco del conjunto de la empresa, integrado en su equipo y siguiendo las líneas marcadas por la propia misión, visión y respeto de sus valores .

ORIENTACIÓN HACIA EL FUTURO

Empezando por Peter Drucker, y siguiendo con otros autores más modernos como Theodore Levitt y Philip Kotler, orientarse hacia el futuro es orientarse hacia el cliente y hacia el mercado.

El entorno es cambiante y competitivo, y de ello se deduce que solo con una actitud de proyecto hacia el futuro se puede garantizar la eficacia.

Peter Drucker nos recuerda que la mayor parte de nuestro tiempo como directivos lo invertimos corrigiendo errores nuestros o de nuestros colaboradores. Esta circunstancia nos aconseja anticiparnos al máximo, orientándonos hacia el futuro.

Es lo que se llama «fijar posteridades» en lugar de prioridades.

Es lo que nos recomienda dejar algo atrás como único medio de avanzar.

Renunciar a lo estático para abordar lo nuevo. El sistemático abandono de lo antiguo es la única manera de impulsar lo nuevo.

APROVECHAMIENTO DE LAS CAPACIDADES DE NUESTROS COLABORADORES

Nuestra actitud como directivos ha de ser la de administradores de recursos humanos, estando obligados a ser conscientes de la dimensión humana y psicológica de los problemas de la empresa.

Peter Drucker dice del ejecutivo que se apoya en las fuerzas de sus colaboradores y no se detiene a pensar en sus debilidades. A cada hombre hay que pedirle lo que puede dar.

De aquí la importancia de conocer las capacidades de nuestra gente y planificar los recursos humanos como parte de la planificación de la empresa.

Hemos de pensar en *su* carrera y en su propio desarrollo.

Hemos de integrar al hombre a través de la motivación.

El potencial humano de la empresa debe ser considerado un activo de la misma y valorado en consecuencia.

Varios obstáculos suelen surgir desde el punto de vista de nuestras actitudes, para obtener el máximo resultado de las capacidades de nuestros colaboradores:

-**El prejuicio que se deduce de nuestras simpatías y antipatías**. Hemos de hacer un esfuerzo para ser lo más objetivos posible y juzgar a nuestros colaboradores, no por nuestra subjetividad, sino por el rendimiento que de ellos obtenemos.

-**El temor de que un subordinado pueda hacernos *sombra***. El buen Líder no teme el conocimiento del colaborador, sino que lo utiliza en el desarrollo de la Empresa.

-**El prejuicio contra el reconocimiento de la aptitud de un colaborador en desarrollar un cargo o una misión**. David McClelland nos previene en contra de las actitudes paternalistas como una forma que impide la *realización* del colaborador afectado.

-**La priorización de las motivaciones ambientales o del entorno, en contra de la verdadera motivación estructural**.

-**Nuestro estilo directivo puede perjudicar esta colaboración y desarrollo del equipo colaborador.** En este aspecto, hemos de adaptar nuestro sistema de dirección de forma tal que la mayor parte de los empleados de la empresa puedan participar al máximo en las decisiones que afectan a su propio puesto de trabajo (objetivos, organización, métodos), por sí mismos y a través del grupo.

La utilización de los sistemas de comunicación modernos debe permitir mantener un contacto continuo, intercambiando información, propuestas y opiniones, de modo que esta propia fuente de contacto imprima un carácter motivador al sistema.

Hemos sustituido la divergencia de la prioridad directiva del *resultado* y la posterior, donde se ponía máximo énfasis en las relaciones humanas, por un nuevo sistema convergente que conjuga los dos en una dirección por objetivos o por integración.

Hemos de sustituir el abuso del trabajo repetitivo como fuente de productividad por el concepto del hombre como ente socioeconómico, enriqueciendo la tarea y haciéndola motivadora.

El hombre, por otra parte, dedica gran parte de las horas de su vida al trabajo, y debe encontrar en este satisfacción y autorrealización. Hay que conocer sus necesidades y motivaciones (Abraham Maslow), para lograr que se encuentre involucrado en el objetivo común.

El directivo debe comprender que su verdadero papel consiste en facilitar a sus colaboradores los medios para que ellos mismos tracen sus propios objetivos, conozcan sus resultados y ejerzan su autocontrol.

Se les deben facilitar los conocimientos necesarios para conseguir el buen desempeño de su trabajo y para el logro de su carrera en la empresa.

ANÁLISIS DE PROBLEMAS Y TOMA DE DECISIONES

Si tuviésemos que destacar una característica de entre todas las que un directivo debe poseer, elegiríamos sin duda la de la capacidad para tomar y desarrollar eficaces decisiones.

Existen fundamentalmente dos tipos de decisiones:

-Aquellas que la propia Organización nos exige para promover el progreso de la Empresa, y que trataremos ampliamente en el apartado de Plan Estratégico.

-Aquellas que son necesarias aplicar para corregir desviaciones de un plan previamente establecido.

A todas ellas nos vamos a referir en un detallado estudio que ha merecido un capítulo aparte.

ANÉCDOTA 2
El maletero

Insisto una vez más en resaltar la importancia que tiene cuidar y mimar el concepto de «asistencia al cliente».

Tener un cliente satisfecho profesional y personalmente es el binomio perfecto para conseguir su fidelización.

Por otro lado, el cliente difícilmente acepta **excusas** que puedan poner en peligro la continuidad de un suministro o la calidad del mismo.

Como fabricantes, en múltiples ocasiones hemos tenido que aplicar verdaderas maniobras industriales y logísticas para lograr que nuestros productos llegasen a su destino a tiempo y en la cantidad requerida.

He comentado en algún párrafo del tratado que éramos suministradores únicos para la mayoría de nuestros productos dedicados a la automoción. Ello implicaba un riesgo adicional cuando existía alguna dificultad que retrasaba la fabricación de cualquier producto afectado por esta condición de suministrador único.

Esta es la historia

Estábamos en plena negociación de convenio y, en una de las fases más tensas, se había decretado una huelga de dos o tres días de duración.

Grupos radicales en la puerta de entrada de la compañía controlaban las entradas y salidas de personas y mercancías.

Entretanto, un componente de amortiguador destinado a Peugeot, por una serie de dificultades técnicas, se estaba fabricando con retraso, poniendo con ello en riesgo el suministro necesario y el consiguiente paro de cadena en el cliente.

Se comunicó al cliente que debido a la huelga existente no había ninguna posibilidad de avanzar la fabricación retrasada y que por lo tanto no podríamos efectuar el envío de la mercancía, y que tampoco podríamos evitar el temido paro de cadena.

La reacción del cliente, no solo no fue de comprensión, sino que, en un tono altisonante, anunció terroríficas sanciones, aparte de la amenaza de pérdida de pedidos que desde aquel momento se hacía ya efectiva.

La situación era de alto riesgo, puesto que este cliente era uno de los de mayor dimensión y beneficio de la compañía. No teníamos más remedio que buscar una solución extraordinaria.

Por la noche, cuando el grupo de la puerta era menos numeroso, me dirigí a casa de un montador, que nos debía algún favor, y lo convencí para que entrase en la empresa y pusiese la fabricación de la pieza en marcha, de forma que al día siguiente pudiésemos efectuar un envío parcial a Peugeot.

El montador se metió en el maletero de mi coche, atravesé el corrillo de gente, no sin antes saludar y charlar un momento con ellos, y, una vez dentro de la fabrica y con la verja de la entrada cerrada, bajó el montador, hizo su trabajo y, al día siguiente, con la producción terminada, lo devolví a su casa tal como había venido.

Salieron las piezas y se evitó el paro de cadena. Y de aquel incidente nunca más se habló.

COROLARIO

La buena relación profesional y personal con el cliente ayuda a la hora de negociar nuevos pedidos o nuevas condiciones, pero no sirve de gran cosa frente a situaciones que pueden poner en riesgo su propia estabilidad profesional.

Para satisfacer al cliente y a sus exigencias, en ocasiones, hay que estar dispuesto a hacer VERDADERAS MARAVILLAS logísticas.

CAPÍTULO 2

LIDERAZGO COMERCIAL ESTRATÉGICO

DEFINICIÓN

El liderazgo comercial estratégico es la función que, desarrollada por el líder comercial en la empresa, y tomando como base la situación actual (a) y fijando la futura virtual (b) y (c) del cliente y del mercado, gestiona a través de un plan estratégico comercial lograr el objetivo de, partiendo de la mencionada situación **a**, pasar a otra situación **a+b**, y posteriormente, o a más largo plazo, a otra nueva situación **a+b+c**.

Todas estas nuevas situaciones habrán sido previamente definidas en cuanto a su composición, estructura, dimensión y ubicación, y serán supervisadas en su evolución y cumplimiento a través de un *planing* cuantificado de tiempo, inversiones, logros industriales y resultados.

Esta función es aplicable tanto al cumplimiento de un presupuesto anual como a un plan de objetivos futuros.

	SITUACIÓN ACTUAL (a)	OBJETIVO A CORTO (b)	OBJETIVO A LARGO (c)
GAMA DE PRODUCTO A	Aa	Aa + Ab	Aa + Ab + Ac
MERCADO B	Ba	Ba + Bb	Ba + Bb + Bc
FACTURACIÓN C	Ca	Cb	Cc
RENTABILIDAD D	Da	Db	Dc

Esta es la verdadera labor del líder comercial estratégico o *Commercial Manager*.

FORMACIÓN Y CARACTERÍSTICAS REQUERIDAS

Formación específica

Sin entrar en evaluar la formación de grado que debe poseer el líder comercial, es necesario que adquiera y posea la siguiente formación específica referida a la propia actividad.

Conocimiento de la tecnología estructural de los productos Aa/Ab/Ac. Un líder comercial debe conocer la base tecnológica del producto o productos que debe comercializar en el mercado actual y futuro, a fin de dominar el escenario de la negociación y la venta.

Conocimiento de la elaboración (proceso) y aplicación del producto. También debe conocer técnicamente el proceso de fabricación, así como la aplicación directa y el funcionamiento del órgano al que su producto se aplica.

Conocimiento de los avances tecnológicos en el entorno del producto. Ha de tener una cierta formación e información sobre la evolución de la tecnología, sea del propio producto o del órgano al que el producto se aplica. Lo podemos definir como «estar al día» de la tecnología en el entorno del producto.

Patentes existentes en el entorno del producto. Tener un cierto conocimiento sobre las patentes que existen en el entorno del producto y de su tecnología.

Conocimiento profundo del mercado Ba / Bb / Bc. Es preciso conocer los mercados actuales y futuros en términos de consumo y tendencias.

Conocimiento de los clientes actuales y potenciales de los mercados Ba/Bb/Bc. Se debe poseer una información clara sobre cada uno de los clientes y potenciales consumidores, en términos de consumos actuales y futuros, nivel de precios y competencia.

Experto en estudio y análisis de mercado. Debe elaborar una amplia información sobre consumos actuales y tendencias futuras referidas al producto actual y futuro ubicado en el mercado actual y futuro. Estos datos deben formar parte del conocimiento básico para la elaboración del Plan Estratégico.

Conocimiento sobre características, estadísticas y datos económicos de nuevas ubicaciones y de nuevos mercados potenciales. Es necesario conocer los datos micro y macroeconómicos de la industria y comercio, referidos a nuestra actividad y su entorno, de aquellos países en los que potencialmente podemos ubicarnos. Es importante conocer la situación de la competencia en estos nuevos mercados que potencialmente queremos ocupar.

Habilidades y características

Liderazgo equipo humano confirmado. El líder comercial ha de mostrar garantías de éxito en la conducción de equipos humanos. Existen muchas posibilidades de que sea el líder y gestor de un equipo humano de alto nivel profesional, y por ello esta faceta se convierte en fundamental.

Excelente capacidad negociadora. Es, sin duda, junto a la capacidad para tomar decisiones, la característica que mejor define al líder comercial. Este concepto merecerá un capítulo especial.

Eficaz en la toma de decisiones. Tal como hemos señalado en diversas ocasiones dentro de este tratado, la capacidad de tomar decisiones eficaces es la característica que adorna al verdadero líder comercial. Este concepto merecerá un capítulo especial.

Capacidad de adaptación. En equipos directivos de cierta magnitud, es muy improbable la coincidencia de ideas y criterios. Es necesaria una buena capacidad de adaptación para buscar el equilibrio que permita el máximo de eficacia en beneficio de alcanzar el objetivo común.

Capacidad de interconexión. Una persona sola y un solo departamento no tienen la facultad para abordar tareas de calado fundamental para la empresa. Por ello es necesario aplicar una eficaz interconexión con otros departamentos, de forma que el esfuerzo común sea el que permita la consecución del objetivo.Por todo lo mencionado, es necesario que el líder comercial posea una probada capacidad de interconexión con su entorno.

Constancia operativa. Todos somos conscientes de que el progreso de una negociación es arduo y costoso. Es necesario disponer de la actitud de la constancia para no dar por perdida ninguna oportunidad.

Rapidez de reflejos operativos. Las negociaciones nos llevan a situaciones donde una rapidez de reflejos es la virtud adecuada para progresar en la negociación.

Buen conocedor y actor activo en las estructuras organizativas de la profesión . (Asociaciones nacionales e internacionales, Congresos, Foros…). Un comportamiento activo e inteligente en este tipo de actividad nos permite aumentar nuestro nivel profesional y prestigio, y con ello el de la empresa que representamos.

Conocimiento de actividades del entorno. Transporte y logística internacional, aranceles internacionales, tratamiento de divisas, evolución de precios de materias primas… Estos conocimientos son muy útiles tanto para la elaboración del escandallo y precio del producto como para la negociación con el cliente.

Pragmatismo en la elaboración del Plan Estratégico, Presupuesto y Objetivos (ver capítulo específico). Elaboración del Plan Estratégico a corto y largo plazo, confección detallada del presupuesto anual, elaboración de un plan de inversiones en base al Plan Estratégico, confección del *planing* de desarrollo comercial en base al Plan Estratégico, análisis, control y seguimiento del Presupuesto y del Plan Estratégico, alta capacidad de reacción frente a potenciales derivas, eficaz gestión de acciones de mejora…

De un amplio conocimiento del mercado y de la aplicación sistemática de la metodología indicada en este tratado debe surgir la base para confeccionar un Plan Estratégico ambicioso pero realista. Debe procederse a una clara y eficaz definición de indicadores de control.

El análisis de los indicadores cuantificados deberá mostrarnos de forma continuada, el grado de cumplimiento.

Una eficaz toma de decisiones para la aplicación de acciones correctivas deberá eliminar cualquier deriva respecto del objetivo.

Formación complementaria

Sin duda que se puede acceder, como formación complementaria, a bibliografía muy completa sobre los conceptos que exponemos a continuación (algunos ya han sido brevemente comentados), pero entendemos que el resumen que ofrecemos es el adecuado para poseer al conocimiento necesario y más eficaz para abordar nuestra función.

-Análisis cuantificado de la competencia.

-Confección de escandallos.

-*Lean Manufacturing*.

-*Swot Analysis* (Análisis DAFO).

-Subastas por Internet.

-Política de incentivos .

Análisis cuantificado de la competencia.

A través de nuestra experiencia y contactos en el mercado podemos conocer la situación de la competencia en aspectos como precios, calidad, logística, nuevos desarrollos, tecnología, asistencia a clientes, inversiones, internacionalización, salud financiera, suministradores, rentabilidad empresarial, facturación o empleados, y elaborar con ellos los ratios que nos permitan conocer cómo evoluciona la competencia respecto de nuestros propios resultados.

Todos estos datos nos permitirán elaborar una tabla de *Benchmarking* que tendremos que tener presente al establecer los objetivos de la empresa.

Nos servirá al mismo tiempo para disponer de un elemento comparativo de indicadores básicos dentro de la profesión.

También es un punto de referencia para comprender algunas actitudes de nuestros clientes y actuar en consecuencia.

Como todas las tablas informativas, es necesario mantenerlas actualizadas.

Confección de escandallos.

Es absolutamente necesario conocer la identificación y el origen de cada uno de los factores que constituyen la base del escandallo.

Es necesario identificar la asignación de la materia prima, del personal, de los suministros y del valor añadido en la transformación o proceso de elaboración del producto.

En según qué tipo de industrias, la parte correspondiente a la materia prima es de alto porcentaje, y por ello es necesario someterla a un riguroso análisis antes de negociar con el cliente.

Es necesario conocer los valores correspondientes a «coste fijo», «coste variable», y el beneficio sobre el valor coste y sobre el precio de venta.

Con todos estos datos estamos en disposición de negociar con el cliente, puesto que estamos en condiciones de dar soporte a nuestros argumentos para defender un cierto nivel económico. Por otro lado, somos conscientes de hasta qué punto podemos ceder sin entrar en zona de pérdidas.

En caso necesario, es interesante realizar este trabajo por cliente o por paquetes de producto, de forma que la decisión no tenga que ser individual por producto, sino global por cliente o conjunto de productos.

En este caso hemos de tener el control sobre las cantidades para evitar el riesgo de que aumenten las menos rentables o disminuyan las más rentables.

Un líder comercial debe *dominar* la elaboración de los escandallos.

Lean Manufacturing.

Podríamos traducirlo como «producción sin desperdicio» o «producción ajustada».

Es un modelo de gestión en el que se prioriza la creación de un flujo productivo de máximo valor y de mínimo desperdicio.

Se contemplan básicamente tres tipos de desperdicio, conectados entre ellos:

-Desperdicio debido a la falta de calidad del producto.

-Desperdicio debido a una logística mejorable.

-Desperdicio debido a una falta de aprovechamiento de los recursos humanos.

El primero está ligado a la materia prima y tecnología del proceso, es decir, a los problemas de calidad de la propia producción.

El segundo tomaría en consideración conceptos como, sobreproducción, tiempo de espera, transporte, exceso de movimientos, inventario y almacenaje.

El tercero está relacionado con el aprovechamiento de los recursos humanos en términos de productividad.

Los siguientes conceptos clave del *Lean Manufacturing*, conforman el pentágono de la excelencia productiva:

-Calidad a la primera. Búsqueda del «cero defectos». Detección y solución de problemas potenciales a partir de la concepción.

-Eliminación máxima del despilfarro. Eliminación de actividades que no aportan valor añadido. Optimización de recursos.

-Mejora continua (kaizen). Se aplica a términos de tiempo, espacio, desperdicios, inventario y defectos relacionados con el operario. Posteriormente esta mejora continua se ha extendido a conceptos como calidad, proceso y productividad.

-Procesos *pull*. El origen del proceso parte del concepto de demanda.

-Flexibilidad. Producir con eficacia gran variedad de productos de reducida producción (cambios rápidos de utillajes, procesos estándares, materias primas comunes...).

Estrategia de las 5S.

Es un método que propone conseguir mejoras a nivel de organización, orden y limpieza, y que se aplica como complemento del *Lean Manufacturing*.

La equivalencia de actividades correspondientes a las 5S sería:

-Subordinar (clasificar).
-Sistematizar (ordenar).
-Sanear (limpiar).
-Simplificar (estandarizar).
-Sostener (mantener).

Resumen de tipos de desperdicio a minimizar o eliminar.

-Repetición de trabajos.
-Producción para inventario no solicitado.
-Fases de proceso, evitables.
-Desperdicio en movimiento de materiales.
-Desperdicio en movimiento de gente.
-Desperdicio en aprovechamiento de gente.

SWOT Análisis.

También conocido como análisis FODA o DAFO. Es una metodología de estudio para conocer la situación real de una empresa o proyecto y que, mediante el análisis correspondiente de características internas y situación externa, introducido en una matriz cuadrada, permite planificar la estrategia futura.

SWOT corresponde a las siglas de:

S - **S**trengths (**F**ortalezas).
W - **W**eaknesses (**D**ebilidades).
O - **O**pportunities (**O**portunidades).
T - **T**hreats (**A**menazas).

Cada una de las cuatro características merece un estudio aparte.

Fortalezas: Hemos de determinar cuáles son los puntos fuertes de la organización o empresa y analizar la forma en que podemos destacar cada uno de ellos.

Suelen ser aquellos elementos internos que debido a algún hecho diferencial nos permiten generar ventajas competitivas.

Debilidades: Suelen ser elementos, recursos o actitudes negativas inherentes a la empresa que constituyen barreras para conseguir la buena marcha de la organización.

Una vez reconocidos nuestros puntos débiles hemos de trazar un plan para defender y mejorar cada uno de ellos, desarrollando en paralelo una estrategia para minimizarlos o eliminarlos.

Oportunidades: Son aquellos factores positivos que se generan en el entorno de nuestra actividad, tanto en aspecto político-legal, como tecnológico-industrial, como de mercado, como económico, y que una vez identificados pueden ser aprovechados.

En base a nuestras fortalezas y debilidades hemos de ser capaces de confeccionar nuestro Plan de Oportunidades.

Amenazas: Son situaciones negativas externas al Proyecto que lo pueden perjudicar.

Al igual que las oportunidades, pueden ser político-legales (cambios de legislación, cambio de gobierno...), tecnológico-industriales (adaptación de tecnologías alternativas, tecnologías obsoletas...), de mercado (presencia de nuevos competidores, desubicación de clientes...), o económicas (gastos o inversiones imprevistas...).

Definidas las oportunidades, y en base a nuestras fortalezas y debilidades, hemos de analizar las potenciales amenazas y el método para minimizarlas o eliminarlas.

MATRIZ SWOT	FORTALEZAS	DEBILIDADES
ANÁLISIS INTERNO	Capacidades Hechos diferenciales Recursos superiores	Resistencia al cambio Problemas de motivación Recursos escasos Capacidades escasas
	OPORTUNIDADES	**AMENAZAS**
ANÁLISIS EXTERNO	Nuevas tecnologías Problema de competidores Posicionamiento estratégico	Cambios en el entorno Nueva legislación Cambios políticos

Subastas por internet.

A pesar de que este tipo de relación comercial de compraventa no haya alcanzado el éxito que se pretendía a principios de siglo, es útil conocer algunas de las estrategias que se deben utilizar en el caso de que alguna organización de compras nos lo solicite.

La base de este sistema de adjudicación suele ser la exposición al mercado, vía internet, de uno o varios productos de un cierto fabricante.

Una serie de competidores, previamente seleccionados por el convocante, ofrecerán sus condiciones de partida, para el producto o serie de productos, y a través de un sistema de subasta por internet irán modificando y adaptando sus condiciones económicas mientras se vean superados por algún competidor, y así sucesivamente hasta llegar al nivel que sus cálculos previos o estrategia comercial les permitan.

Base de trabajo: Es fundamental conocer detalladamente el desglose del escandallo para determinar el punto mínimo de oferta, por debajo del cual ya no se prosigue con la subasta, aun a riesgo de que exista una oferta mejor.

Este cálculo puede hacerse individualmente o globalmente en el caso de tener la posibilidad de acceder a varios productos.

La recomendación, sin embargo, es de no rebajar en ningún caso ninguno de los valores mínimos que hemos asignado a cada uno de los productos.

El problema y riesgo de calcular globalmente es que, aunque te adjudiquen el paquete con unos productos más y otros menos rentables, existe la posibilidad de que en el tiempo los menos rentables aumenten de cantidad y los más rentables disminuyan, quedando la operación en situación de rentabilidad dudosa.

Es importante, si se puede, conocer a los participantes, ya que con este dato y un buen conocimiento del convocante podemos determinar la fiabilidad que posee cada uno de los competidores e *intuir* cada nivel de precio que ofrece el mecanismo de la subasta y a qué competidor pertenece.

A partir de estos datos estaríamos mejor situados para proseguir o detener nuestra posición en la subasta.

Hemos de admitir que la adjudicación de un producto en una subasta no es definitiva, puesto que el comprador sigue disponiendo de una serie de fases intermedias tales como contratos, plazos de puesta en marcha, desviaciones y modificaciones posteriores, homologación de prototipos, homologación de muestras, evolución de cantidades... que pueden todavía hacer larga y costosa nuestra victoria final sobre el pedido.

Política de incentivos.

A fin de aplicar una correcta y eficaz política de incentivos, se aconseja seguir las siguientes normas o consejos:

-La base de un buen incentivo es la satisfacción de las dos partes implicadas: empresa y empleado.

-Se aconseja dar los incentivos en dos capítulos:

1. **El primero** es en base a resultados de la empresa, y debería oscilar entre el 30 - 50%.

2. **El segundo** es en base a la actuación personal, y deben premiarse fundamentalmente los logros individuales y no los esfuerzos.

-Deben establecerse de forma que continuamente el incentivado sea capaz de calcular su incentivo.

-El incentivado ha de ser capaz de conocer lo que ganará o perderá dependiendo del éxito o fracaso de cada operación.

-Incentivar el logro de un nuevo cliente y de un nuevo mercado.

-Relacionar el segundo capítulo del incentivo con el margen conseguido en los nuevos productos y cifras de facturación correspondiente.

-Incentivar los aumentos de facturación de los viejos clientes debido a nuevos productos.

TODO ELLO EN EL MARCO BASE DEL PRESUPUESTO APROBADO

MÉTODOS PARA MEJORAR EL PODER MENTAL DEL EJECUTIVO

Las personas eficientes son admiradas. Observar a una persona que ha desarrollado su poder mental es absolutamente fascinante.

Observar a una persona que analiza información con seguridad, que toma decisiones sin titubear y que emprende acciones adecuadas con firmeza es absolutamente fascinante.

Desde el Alexander Hamilton Institute nos aconsejan seguir las siguientes pautas para mejorar nuestro poder mental:

Control de la mente

Desarrollar el poder mental no es cosa fácil ni simple. Se requiere un gran análisis personal y la implementación de una serie de habilidades individuales que deben ser desarrolladas y consolidadas. Es necesario ser consciente de nuestras habilidades y deficiencias y trazarse una ruta a seguir en el gráfico del autoconocimiento.

Esta clase de conocimiento personal *real* es necesaria antes de proseguir en el camino de la mejora de nuestro poder mental.

Desarrollo de habilidades intelectuales

Las habilidades que hemos de desarrollar son las siguientes:

-**Habilidades que llevan a la concentración**. Son las que permiten a un directivo prestar su atención rápida y total a los problemas de su trabajo diario.

-**Habilidades que llevan a pensar con claridad**. Son las que permiten al ejecutivo aprender con precisión, analizar ideas y situaciones y tomar decisiones rápida y acertadamente.

-**Habilidades que llevan a la memoria**. Estas habilidades le permiten al ejecutivo fijar en su mente información para luego recordarla correctamente cuando sea oportuno.

Cualquier programa de disciplina mental incluye metas de estos tres grupos. Para un buen resultado del mismo es importante tener un conocimiento muy *real* de las debilidades o deficiencias.

Mejora de la habilidad de concentración

El ejecutivo debe poseer la habilidad de concentrarse intensivamente durante períodos de tiempo corto, prestando su atención a una sucesión de problemas que a menudo no están relacionados unos con otros.

La habilidad para concentrarse depende de la habilidad para resistir la distracción de impulsos extraños. Estos impulsos pueden ser a la vez internos y externos, y relacionados con ideas, pensamientos, situaciones, objetos y personas.

La distracción del impulso no puede eliminarse por completo, pero desarrollando prácticas diarias de habilidades de concentración puede ser disminuido notablemente.

Estas prácticas también deben permitirnos abandonar completamente un problema y pasar nuestra atención pronta y enérgicamente al siguiente.

Además de esta práctica, las distracciones pueden reducirse drásticamente, simplemente evitándolas. Para ello hay que analizar el medio ambiente en el que nos desenvolvemos y adaptarlo a la nueva necesidad.

El medio ambiente ayuda o perjudica en proporción directa al número de impulsos de distracción que emite o permite y a su intensidad (la eficiencia de un obrero puede incrementarse hasta en un 35% cuando se traslada de un lugar ruidoso a un lugar silencioso). La ergonomía industrial ha permitido un gran avance en este sentido.

Otro de los puntos que mejoran nuestra habilidad de concentración es la de encargarnos de los asuntos de nuestra competencia, dejando para nuestros subordinados los asuntos que les competen a ellos.

La planificación ayuda a la concentración

La planificación es otro de los elementos que influirán positivamente en nuestra capacidad de concentración.

Apliquemos el eslogan «cada cosa a su tiempo y en el momento adecuado», y hagamos que nuestros subordinados también lo apliquen en las tareas que les sean asignadas.

Planificar el trabajo es desglosarlo en unidades, y con ello se programa la acumulación de problemas, resultando el trabajo de vencer la inercia (repetir el análisis de un asunto varias veces) mucho más fácil.

Con todo, la planificación comporta el riesgo de no desglosar suficientemente en aras a una *falsa* eficacia, y atacar un problema de forma demasiado amplia en lugar de haberlo desglosado en sus varios componentes, acometiendo cada solución por separado y solo analizando la interrelación entre ellos.

El interés ayuda a la concentración

Cuando una persona tiene pereza de abordar un trabajo a efectuar es porque cree que es desagradable, difícil o de poca eficacia operativa.

El problema, por lo tanto, es encontrar una forma de convertir un trabajo *desagradable* en un trabajo *atractivo.*

Todo ejecutivo con éxito llega al punto donde el trabajo para él, no solo es interesante, sino fascinante. Para lograrlo hay varios métodos que pueden emplearse:

-**Reconocer que el trabajo es valioso**. Para ello es necesario relacionar el trabajo a realizar con el progreso de la empresa, con nuestro avance personal y con las aspiraciones de nuestros colegas y subordinados. Una vez comprobado que con la realización de este trabajo todos estos parámetros se cumplen, hallaremos que existe interés en el trabajo *desagradable,* permitiéndonos acometerlo.

-**Tratarlo como una competencia interna o personal.** Pongamos metas u objetivos al resultado del propio trabajo, dotándolo con ello de un atractivo adicional.

-**Desarrollar un interés intrínseco en el trabajo a realizar**. Desarrollar intereses intrínsecos alrededor del trabajo, consistentes en conocer más sobre las funciones que se llevan a cabo relacionadas con nuestro propio resultado, tales como su importancia para otros departamentos de la empresa, el futuro y el pasado de la actividad, cómo lo están manejando otros y las posibilidades de hacerlo mejor.

Cuanto más se sepa sobre el trabajo, mayor será el interés sobre lo que se hace. Lo que en un principio podía parecer algo aburrido o desagradable puede transformarse en algo de alto interés.

Si es necesario, utilicemos la fuerza de voluntad

Si debido a circunstancias especiales a nuestro alrededor no somos capaces de desarrollar el interés en un trabajo desagradable, el último recurso sería recurrir a un viejo truco llamado «fuerza de voluntad».

Debemos asumir el hecho de que en los negocios no todo es bueno y agradable.

Se necesita emplear la fuerza de voluntad, principalmente para vencer las tentaciones de posponer el trabajo basado en argumentos como «ahora no tengo tiempo», «tengo otros asuntos prioritarios» u otros parecidos.

El mucho trabajo es casi siempre una farsa

La creencia de que se trabaja demasiado es casi siempre una farsa.

El escritor inglés Arnold Bennett, autor de varios tratados sobre la eficiencia y un estudioso sobre la materia, nos vaticina que en general las personas no ponen en sus tareas todo cuanto pueden, sino el mínimo necesario que la situación les permite.

En el campo de la psicología se ha notado la falta general del hombre de trabajar a pleno rendimiento.

Según el conocido economista Irving Fisher, muchas de las personas que se quejan de trabajar demasiado debido al cansancio que notan no reparan en que este cansancio procede de otras múltiples circunstancias, y mayormente de falta de hábitos que conducen a una vida más sana y saludable.

Pensemos que nuestra aportación real al trabajo es solo una fracción de lo que nuestra capacidad total puede ofrecer. Hábitos saludables y dietas sanas suelen contribuir positivamente a la mejora de nuestro rendimiento al trabajo.

Mejorar la habilidad para pensar claramente

Ideas y conceptos claros y precisos son básicos para todo el pensar que nos lleve a la toma de decisiones correcta. La ausencia de esta claridad es uno de los motivos que nos conducen a decisiones erróneas.

Las palabras tienen muchos significados y connotaciones, y en un mundo globalizado como el nuestro, en el que solemos utilizar idiomas que no son el propio, interpretar correctamente el significado de las palabras y de las frases se convierte en fundamental para la correcta comprensión y posterior toma de decisiones.

Ante cualquier duda que pueda surgirnos sobre la interpretación de una palabra, frase o conversación, es necesario que busquemos el método más adecuado (solicitar repetición, confirmación con terceros) para garantizar que nuestra comprensión ha sido la correcta.

Evitar los prejuicios

Tan peligroso como la falta de comprensión son los prejuicios. A menudo se expresan mediante eslóganes o frases.

La frase «el cliente siempre tiene razón» no tiene que ser asumida *per se* sin un buen análisis de la situación que nos ocupa.

También hemos de huir de los prejuicios sobre las personas, dando por errónea o incompleta cualquier tipo de afirmación según la procedencia de la misma.

Cualquier situación debe ser analizada independientemente de su procedencia y nunca debe ser aceptada o rechazada sin previo examen.

Utilizar un sistema de memorización

Una buena memoria representa un valioso activo para el ejecutivo, pues recordar hechos pasados le facilita enormemente el desarrollo de sus funciones.

La parte esencial de la memoria es la de asociar las experiencias en una u otra forma (tiempo, espacio, causa-efecto y similares).

Debido a que los hechos a recordar son exteriores y están fuera de nuestro control, podemos tratar de conseguir condiciones favorables para lograr una asociación intensa.

La mejora de la memoria es el resultado de un mejoramiento en nuestros procedimientos de aprendizaje.

Detallamos a continuación algunos métodos para mejorar nuestra memoria:

-**Decídase a recordar.** Dígase a sí mismo: «Debo recordar esto». Esta simple resolución aumenta la eficiencia de la memoria hasta en un 60%.

-**Preste mucha atención a lo que está haciendo, diciendo u oyendo.** Muchas personas tienen la ineficaz costumbre de hacer varias cosas a la vez, impidiendo con ello una máxima concentración sobre una de ellas, perdiendo la ocasión de *recordar* muchos matices de la propia situación. Pueden mejorar la memoria concentrándose en un solo tema.

-**Multiplique una impresión tan a menudo como pueda.** Si necesito recordar un nombre es útil repetirlo y escribirlo. También es útil asemejar el nombre a otro de fácil recuerdo o bien dividirlo en dos y asimilarlos a dos nombres también de fácil recuerdo.

-**Busque significaciones asociadas.** Establezca asociaciones clasificando los conocimientos y enlazando las ideas nuevas con una cierta numeración o con ideas viejas.

Los expertos en memoria demuestran una habilidad extraordinaria para recordar nombres y hechos. Para recordar nombres, por ejemplo, la mayoría de los expertos en memoria utilizan las mismas reglas que hemos descrito buscando asociaciones, normalmente visuales raras o deformadas, alrededor del nombre.

Desarrollar una buena memoria es de gran utilidad para el ejecutivo con deseos de progreso y un paso esencial en el desarrollo de una mente eficiente.

ANÉCDOTA 3
La subasta

A principios de los 2000 se quiso imponer por parte de los responsables de compras del sector automoción ofrecer productos de nuevo desarrollo, a través de subastas por Internet en las que participaban varios fabricantes, a nivel mundial, de aquel producto a ofertar.

Este sistema ofrecía varias ventajas al comprador:

-Los precios se deterioraban durante la propia subasta a través de la competencia que existía dentro de la propia profesión y sin intervención del comprador, que se seguía reservando su actuación para rebajas posteriores.

-Si tenía que asignar varios productos, asignaba cada uno de ellos al mejor postor o a la oferta más económica.

-Presuntamente, se invitaba casi siempre a un proveedor asiático que servía de **liebre** para ir bajando el nivel del precio, aunque sabían de antemano que no conseguiría el pedido.

-Llegado el caso, existía el recurso de **no homologar** el producto, con lo cual el comprador quedaba libre para una selección posterior de proveedor, sin tener que pagar ni el desarrollo ni el utillaje.

Existen más ventajas que no es necesario enumerar.

Esta es la historia

Recibimos, a través de una subasta, la posibilidad de acceder al pedido de varios productos de una primera firma de automoción alemana. Para nosotros era una oportunidad inmejorable, puesto que este fabricante no era cliente y las cantidades a fabricar eran muy elevadas.

Por ello, hicimos el estudio detallado del escandallo de cada uno de los productos y fijamos los límites de actuación, priorizando más la posibilidad de acceder al nuevo cliente que la rentabilidad del propio producto.

El día de la subasta montamos una central de operaciones con unas hojas de cálculo que nos permitían conocer en cada momento cuál era la rentabilidad de la cifra mejor situada y cuál era el margen que todavía disponíamos para reducir.

El resultado final fue que, de siete productos que se subastaban, se nos adjudicaron tres. Sinceramente se consideró este resultado como un excelente éxito de gestión.

A partir de ese momento, y antes de iniciar el desarrollo de los nuevos productos asignados en la subasta, se puso en marcha por parte del cliente el proceso correspondiente al desarrollo de un nuevo proveedor.

Este proceso retrasó enormemente el inicio de los nuevos desarrollos, los cuales se tuvieron que efectuar (para cumplir los plazos requeridos) a una velocidad que no era la adecuada para la complejidad del proyecto.

Esta circunstancia, y una serie de modificaciones menores que el cliente solicitó con posterioridad, nos condujeron a unos rechazos que obligaban a rehacer gran parte del trabajo efectuado.

Después de nuevas entregas y nuevos rechazos (absolutamente discutibles) y una pérdida económica de fuerte dimensión, llegamos a la conclusión de que nuestra participación en la subasta había sido para utilizarnos de **liebre**, y decidimos abandonar el proyecto, no sin antes recibir amenazas por parte del fabricante, que se encontraba totalmente **contrariado** por nuestra actitud.

COROLARIO

Cuando accedas a un nuevo cliente, procura no hacerlo a través de subastas. Si participas en una subasta, asegúrate de que la **liebre** sea otro.

Si accedes a algún pedido a través de una subasta, aclara muy bien las condiciones del contrato y, si puedes, formaliza algún tipo de contraprestación (no penalización) en caso de no cumplimiento.

CAPÍTULO 3

JERARQUIZACIÓN DE FACTORES INFLUYENTES

La consecución del éxito profesional en el liderazgo comercial de la empresa, base de lo que pretende este tratado, depende de múltiples factores relacionados entre sí, pero con distinto grado de influencia por nuestra parte.

Está claro que nosotros somos un eslabón muy importante de la cadena, pero no podemos olvidar que «la rotura de un eslabón precipita la rotura de la cadena», y este eslabón al que me refiero no somos necesariamente nosotros.

Por ello, hemos de prestar una gran atención al personal involucrado en la consecución del objetivo común, en aspectos de comportamiento, intelectual, cultural, relacional, comunicativo, asociativo... y manteniendo una continua supervisión analítica en el entorno, material, humano y organizativo, a fin de ir analizando, controlando e interviniendo si es necesario, para mantener la salud de la cadena, que es la que permitirá la consecución del objetivo.

Esta condición que acabamos de mencionar forma parte igualmente de nuestras responsabilidades compartidas.

Tenemos una responsabilidad individual que atañe a todo lo relacionado con nuestra propia persona y función profesional, y de la que somos absolutamente responsables, y es una responsabilidad compartida que atañe a todo lo relacionado con la organización tanto interna como externa.

No es admisible la exoneración de responsabilidades por causas ajenas a nuestra propia función. Si un factor externo puede crear derivas importantes en la consecución de un objetivo, es nuestra responsabilidad intervenir para evitar las no deseables consecuencias.

Es absolutamente imprescindible que esta intervención sea rigurosa, argumentada y con propuestas alternativas que ayuden a la resolución del problema.

La denuncia sola *per se* puede ser correcta y estratégicamente necesaria, pero se queda a mitad de camino.

ANÉCDOTA 4
La langosta

Hablo de mis primeros años como responsable de ventas para la exportación, es decir, que todavía no había alcanzado la máxima jerarquía comercial dentro de la organización.

Veréis durante este tratado que la asistencia al cliente ha sido siempre mi prioridad en la forma de gestionar el negocio de la venta. Es el llamado «Customer Intimacy» que he aplicado desde mis primeros lances comerciales.

Esta es la historia

Había conseguido que un importante fabricante de máquinas herramienta alemán visitase nuestras instalaciones. Digamos que para mi incipiente carrera comercial era todo un logro que sin duda pensaba aprovechar.

La visita fue correcta. La presentación de la empresa fue correcta. Fruto de ello es que recibimos una serie de planos de sus productos para ofertar.

Acabada la reunión, nos desplazamos a Barcelona para, después de pasar por el hotel, dirigirnos a un restaurante. Era antes del año 1992 y por tanto los restaurantes **marítimos** eran prácticamente inexistentes, o los existentes no eran para impresionar, que es lo que yo había pretendido para aquel cliente tan especial.

Para esta ocasión elegí el restaurante Orotava, de Barcelona. Todo un clásico de renombre internacional, famoso tanto por sus jornadas gastronómicas de caza como por el alto nivel de su marisco.

Nos sentamos en una mesa redonda en un rincón y nos trajeron la carta. Aquí tuve mi primer sobresalto, al comprobar los elevadísimos precios que adornaban cada uno de los platos. Argüí que no tenía mucho apetito y que yo mismo le recomendaría los platos a seleccionar, puesto que conocía bien el restaurante (mentira) y le podía orientar. Con ello esperaba encaminarle hacia lo típico y salvar la factura de la noche.

Todo parecía controlado, hasta que apareció un camarero con una cesta plana, llena de langostas vivas, dispuesto a mostrarlas a los diferentes comensales. Tuve la mala suerte de que, al pasar cerca de nuestra mesa, una langosta saltó del cesto y se encaminó hacia mi invitado. Yo no sabía cómo distraerlo o cómo desaparecer.

El final fue una exclamación de mi compañero de mesa diciendo: «Fíjate, es la langosta la que ha decidido que ha de ser para mí».

El camarero, que de tonto no tenía un pelo, recogió rápidamente la langosta y ya solo tuvo una pregunta: «¿Cómo se la hago al señor? En salsa o a la plancha». Tierra trágame fue todo lo que pude pensar.

Al día siguiente, la explicación detallada de los hechos no sirvió para evitarme una tremenda bronca por parte del director general.

Al final nuestra oferta no prosperó, no recibimos el pedido y esta empresa no fue cliente.

COROLARIO

«NO DIGUIS BLAT FINS QUE NO EL TINGUIS AL SAC I BEN LLIGAT».

No digas trigo hasta que no esté en el saco y bien atado. En castellano no rima pero se entiende.

Las compensaciones tienen que mostrarse y, para darlas, ganarse. Las atenciones deben ser proporcionales a algo cuantificable o tangible.

CAPÍTULO 4

PLAN ESTRATÉGICO COMERCIAL.

SINOPSIS

Un plan estratégico es un documento escrito, elaborado por el líder comercial, que contiene todas las claves necesarias que definen de forma clara, concreta y fiable cuáles son los pasos a seguir para gestionar de forma eficaz la consecución de los objetivos del propio plan.

Es necesario confeccionarlo y presentarlo de forma detallada y transparente, permitiendo valorar la veracidad del mismo.

Debe procederse en sentido inverso a su ejecución, es decir, iniciar la presentación con aspectos que permitan valorar los objetivos.

Se deben incluir la valoración del negocio y otros temas fundamentales como las inversiones y financiación necesarias. También debe incluir otros temas como planes de expansión y cuotas de mercado a alcanzar.

Debemos concretar el entorno competitivo de forma especial si nuestro plan estratégico prevé una implantación y penetración de mercados diferentes al actual.

Otro tema fundamental es indicar la rentabilidad de la inversión y en qué momento del plan estratégico se alcanza el retorno de la inversión.

NOTA DEL AUTOR

Nosotros solos, como individuos, no podemos abordar el progreso de una empresa a pesar de nuestra inteligencia, cultura y habilidades múltiples que profesionalmente podamos poseer. Todos estos factores han de ser puestos a disposición de la empresa y de su organización para llevar a cabo su estrategia.

Cualquier acción comercial que emprendamos ha de ser situada y evaluada en el marco de la estrategia general de la empresa.

CAPÍTULO 5

ELABORACIÓN DEL PLAN ESTRATÉGICO

FASES DEL PROYECTO

Las fases necesarias para la elaboración del plan estratégico comercial son:

-Información global.
-Definición del objetivo.
-Definición de los pasos intermedios.
-Definición de los recursos humanos.
-Definición de recursos materiales.
-Definición de liderazgo.
-Definición de la cadena de responsabilidades.
-Plan de inversión y plan financiero.
-*Planing* del plan estratégico.

Información global

Es necesario remarcar que para desarrollar un plan estratégico comercial es indispensable disponer de una información global, amplia y detallada sobre los siguientes parámetros o factores que a continuación enumeramos y que serán tratados de forma más específica en otro capítulo.

-Producto.
-Producto alternativo.
-Tecnología.
-Tecnología alternativa.
-Mercado.
-Mercado potencial o alternativo.
-Cliente o consumidor.
-Cliente o consumidor potencial o alternativo.

-Organización y recursos internos.
-Recursos externos.
-Competencia.
-Proveedores.
-Entorno próximo.
-Entorno lejano.

El amplio conocimiento de estos factores nos permitirá abordar la confección de dicho plan.

Definición del objetivo

Hemos de poder enunciar y escribir su definición. El objetivo debe ser claro, sin ambigüedades y con un final medible. Ha de ser alcanzable pero ambicioso.

Es preferible, si se puede, que tenga una línea de progreso en un tiempo relativamente corto, para que se puedan obtener logros parciales que estimulen el seguimiento hasta el objetivo final. Un objetivo a largo plazo sin logros intermedios es sensible al desanimo y desmoralización.

Ha de ser debatido y comprendido por la organización. Ha de ser ACEPTADO Y ASUMIDO por la organización, empezando por su propia cabeza, que ha de convertirse en el principal impulsor del proyecto.

Es fundamental que todas las dudas se aclaren antes del inicio y que, en el caso de que persista alguna de ellas, se establezca un *milestone* posterior a fin de conocer la influencia o posibles derivas que pueda originar la mencionada duda y tomar nuevas decisiones si fuese necesario.

Definición de los pasos intermedios

Normalmente la consecución de un objetivo final, lleva consigo la consecución de otros objetivos previos. Cada uno de ellos ha de ser tratado con el mismo procedimiento que el objetivo final.

Pensemos que la suma se consigue a partir de sumandos y que sin los segundos no existe el primero. Por ello cada uno de estos objetivos intermedios merecerá el mismo tratamiento organizativo.

El resultado de estos objetivos intermedios servirá para retroalimentar la trayectoria hacia el objetivo final, variándola o adaptándola según las necesidades que se fuesen creando a través de la evolución del propio proyecto en sus resultados parciales.

Definición de los recursos humanos

Dependiendo de la magnitud y alcance del proyecto, cada departamento propondrá los recursos humanos necesarios para la consecución de cada uno de los objetivos intermedios, añadiendo o eliminando recursos a medida que nos acerquemos al objetivo final.

La labor de cada uno de los componentes ha de estar perfectamente definida y deben conocer la totalidad del proyecto a fin de sentirse parte e integrados en el mismo.

Hay que tratar detalladamente aquellos casos de labores compartidas o adicionales.

Definición de recursos materiales

Se trata de definir los recursos industriales que serán requeridos para la puesta en marcha y ejecución del plan estratégico y que se utilizan en la empresa en su funcionamiento normal. De esta forma se establece y consensúa una cesión de recursos materiales, quedando totalmente garantizada la aportación industrial a la ejecución de las diferentes fases productivas del proyecto y con ello la garantía de que el plan estratégico podrá llevarse a cabo sin las interrupciones originadas por la propia complejidad del día a día industrial.

Definición de liderazgo

Todo plan estratégico necesita disponer del *mánager* o *líder*. De él depende que todos los miembros de la compañía entiendan y asuman la finalidad del mismo, y por ello su elección se convierte en fundamental para la consecución del objetivo.

Un proyecto estratégico con un líder equivocado, está condenado al fracaso.

El líder debe poseer unas características muy específicas que detallaremos y analizaremos a continuación.

Aristóteles, que vivió entre los años 384 y 322 a.C., escribió: «Aquel que jamás aprendió a obedecer no puede ser un buen jefe». Esta sería una buena explicación para muchos de los fracasos actuales.

El poder del líder proviene de las personas que lo eligieron o de la propia organización a la que presta sus servicios. Tiene por tanto la obligación de actuar en la forma que más convenga a sus electores o a la propia organización.

El respeto al líder se otorga porque se supone que está proporcionando a la organización el servicio que su condición de líder implica.

El honor que significa desempeñar la función de líder de un proyecto estratégico debe ser ganado y merecido durante todo el tiempo que dure el proyecto.

CONDICIONES DEL LIDER COMERCIAL

Tiene las habilidades y conocimientos personales que lo califican para desempeñar esta misión. Para ser un líder eficaz es necesario desarrollar cualidades eficaces de liderazgo.

TIPOS DE LIDERAZGO

- **Autocrático.** El líder toma las decisiones y busca la obediencia de sus seguidores asumiendo la total responsabilidad. Este estilo es apropiado para proyectos donde el tiempo es el factor más importante o para aquellos en que los componentes del equipo prefieren no tomar responsabilidades.
- **Democrático.** Se basa fundamentalmente en tomar decisiones sugeridas y consensuadas con el grupo. Este

estilo de liderazgo estimula la facultad creativa del grupo y produce satisfacción a cada miembro del mismo.

- **Informal.** El líder se convierte en un mero depositario de información y conocimiento y deja ejecutar el trabajo al equipo con un mínimo de supervisión y control. El líder sigue manteniendo la responsabilidad del resultado final.

Cada uno de los estilos es adecuado para algún tipo de proyecto y es el líder el que debe seleccionar en cada momento el estilo más eficaz.

Definición de la cadena de responsabilidades

Esta fase del proyecto es aquella en que se define el marco de responsabilidades y dependencias para cada uno de los integrantes del equipo del proyecto. Es importante que esta fase sea negociada y consensuada con cada integrante del equipo a fin de que *hagan suyo* el proyecto y se sientan completamente involucrados en él.

Plan de inversión y plan financiero

En este capítulo deben definirse las inversiones necesarias para llevar a cabo cada uno de los objetivos intermedios. No debe elaborarse una inversión global sino una individual para cada objetivo parcial.

Debe establecerse un procedimiento y un seguimiento riguroso del **plan de inversiones** por parte del departamento de costes de la empresa.

La adición progresiva de cada uno de estos planes nos ofrecerá una visión general del plan de inversiones del proyecto global.

En este capítulo suele definirse la distribución del recurso *tiempo*. En base a los hitos del proyecto estratégico, el líder debe elaborar el plan de inversiones completamente detallado y definido en el tiempo y de acuerdo con la estrategia definida y aprobada.

Sin entrar en el detalle de cómo se confecciona un plan de inversiones, circunstancia que merecería un capítulo aparte, solo diremos que es fundamental para que los servicios financieros de la empresa puedan ejercer su gestión de control económico.

Relacionado con el plan de inversión debe desarrollarse un **plan financiero** que permita analizar dentro de unas previsiones a corto y medio plazo la cuenta de resultados correspondiente al desarrollo del plan estratégico. Con ello hemos de especificar las partidas más importantes de gastos y de ingresos, así como los costes inherentes al desarrollo del propio plan.

Este plan financiero debe especificarse con el máximo detalle posible, a fin de que los servicios financieros de la empresa puedan llevar a cabo su gestión de *cash flow*.

En colaboración con los servicios financieros, debe desarrollarse un análisis que permita conocer el punto de *breakeven* a partir de la generación de *cash flow* positivo. Este dato es de enorme importancia para la aceptación definitiva del plan estratégico comercial.

Planing del plan estratégico

Es el documento que permite visualizar y monitorizar a través de los indicadores seleccionados la planificación temporal cuantificada del proyecto que fue consensuado y aprobado, así como la situación real de cualquiera de los hitos del propio proyecto.

Este documento debe confeccionarse con el máximo rigor y servir de base analítica para el seguimiento de la evolución del proyecto.

Es un documento vivo que se debe adaptar a la realidad en cada una de las revisiones y permitir formalizar las acciones correctivas adecuadas para cada desviación.

El plan de acciones correctivas debe seguir el mismo procedimiento, como si de un miniplan estratégico se tratase, formalizando cada una de las siguientes fases:

- Definición del objetivo a conseguir con la acción correctiva.

- Definición de objetivos intermedios en el caso de que existan.

- Definición de las personas que van a desarrollar la acción correctiva.

- Definición de los recursos materiales necesarios para el correcto desarrollo.

- Definición del líder de la ejecución, control y resultado.

- Definición de los integrantes en el equipo y de sus responsabilidades.

- Plan de inversión necesario para llevarlo a cabo.

- *Planing* o plan de acción correctiva que permita monitorizar su evolución.

ANÉCDOTA 5
El incendio

Soy de la opinión de que todos los altos cargos de una compañía tienen aspectos positivos remarcables a pesar de las discrepancias que podamos tener respecto de su modelo o forma de gestión.

Lo importante es que aprendamos de lo **bueno** y que intentemos analizar el porqué de lo que podemos considerar como mejorable o de diferente punto de vista.

Esta es la historia

Era principios de agosto del 92, Barcelona en pleno bullicio de las Olimpiadas, y yo cenando con unos clientes franceses en el restaurante Asador de Aranda de la avenida del Tibidabo.

Eran las 12h de la noche y suena mi teléfono. Horror. Se había declarado un violento incendio en la fábrica y reclamaban mi inmediata asistencia, así como la del resto de miembros del equipo directivo.

Dejé a los clientes en el hotel y me dirigí a toda velocidad al lugar donde estaba la fábrica. A la llegada, cientos de personas en la calle, cinco o seis dotaciones de bomberos echando miles de litros de agua sin parar.

Cuando el fuego estuvo extinguido, tuvimos ocasión de entrar en lo que quedaba de las instalaciones. Los techos caídos, las paredes completamente negras, las máquinas todavía con el hierro caliente, las instalaciones subterráneas para chatarra, y en el suelo unos 40 cm de agua barro y cenizas. Lo que podríamos llamar un desastre espantoso.

Al día siguiente, a las 8h, reunión urgente de dirección para evaluar los daños, las repercusiones del mercado (para la mayoría de nuestros productos de automoción éramos proveedores únicos) y los pasos a seguir.

Nuestro director general, en lugar de mostrarse abatido por las circunstancias, nos animó a tomar el desastre como una ocasión para rehacer la fábrica y aprovechar la oportunidad para dotarnos de una planta moderna de última generación. «Vamos a ver entre todos qué es lo que podemos sacar de bueno de esta situación», dijo ante el asombro de los presentes. Estas fueron sus palabras de aliento para volver a relanzar a un equipo que a la vista de las circunstancias se mostraba totalmente abatido.

El resumen fue: pertenecíamos a una gran multinacional alemana y teníamos contratado un buen seguro con una empresa internacional que estuvo a nuestro lado desde el primer momento, aceptando soluciones para recuperar la maquinaria, muy caras de coste pero de alta eficacia.

Se hizo una visita a todos los clientes explicando cuál era el plan de acción para empezar a estar operativos en 30 días. La competencia estuvo a nuestro lado ofreciendo toda su colaboración, incluso fabricando piezas que serviríamos al cliente (con su aprobación). Todo el personal de fábrica se volcó en su esfuerzo aportando el máximo de ayuda.

La fábrica empezaba a funcionar de nuevo el 1 de septiembre, es decir, a los 30 días.

Finalmente hicimos una transformación de la fábrica, convirtiéndola en una de las más modernas del sector.

COROLARIO

El máximo responsable, como debería ser siempre, estuvo a la altura de las circunstancias. A cualquier mala situación que la profesión nos aporte, seguro que hemos de ser capaces de sacarle algún aspecto positivo, no dejándonos abatir por una mala situación y buscando los aspectos positivos que podamos aportar.

Seamos pragmáticos y perseverantes en el ejercicio de nuestras decisiones, por difícil que pueda parecer el conseguir el objetivo.

CAPÍTULO 6

ANÁLISIS DE PROBLEMAS Y TOMA DE DECISIONES

ANTECEDENTES

El análisis de problemas y posterior toma de decisiones debe llevarse a cabo frente a alguna circunstancia que haya producido una desviación de nuestras previsiones, sea cual sea el ámbito de actuación.

Por ello, y antes de abordar el método a seguir para efectuar una correcta toma de decisiones, hemos de progresar en el capítulo de Análisis de Problemas.

Una buena decisión solo puede venir de haber analizado metódicamente el problema. La superficialidad frecuente en la toma de decisiones suele derivarse de una reflexión sobre problemas mal planteados o decisiones preconcebidas. Las prisas en resolverlo suelen recomendar soluciones poco analizadas y por ello no duraderas. La dificultad en abrirnos a los demás y abordar los problemas de forma unipersonal suele ser otra de las circunstancias que nos llevan irremediablemente al fracaso de la decisión.

Cualquier problema tiene un número determinado de facetas y orientaciones. Solo una visión multidisciplinar convergente hacia el objetivo común puede aportar la decisión correcta.

En su actividad profesional, al directivo se le presentan multitud de casos y situaciones problemáticas. Algunas suelen ser claras o repetitivas. En estos casos el directivo suele conocer muy bien las soluciones a adoptar.

Otros casos son más complejos o novedosos, por lo que el directivo está obligado a analizar y diagnosticar antes de decidir la solución más adecuada.

La técnica de análisis de problemas y toma de decisiones es el seguimiento de un proceso lógico de afirmaciones y negaciones con eliminaciones sucesivas.

ETAPAS DE RESOLUCIÓN

El proceso de resolución de problemas según P&M (Pinkas-Martinez) comprende las siguientes etapas:

-**Detección del problema.** Se trata de percibir la desviación que trataremos como problema. Hemos de analizar su importancia y su prioridad. Utilizaremos la técnica «Análisis de Situaciones».

-**Acción interina.** Considerado el problema con su importancia y prioridad, decidiremos la conveniencia de implantar una acción interina hasta la resolución definitiva y restablecimiento de la situación.

-**Encontrar la causa del problema.** Es la etapa más compleja del propio método, y se trata de encontrar las causas que motivan la desviación. La complejidad del mismo puede originar verdaderas acciones de investigación. Utilizaremos el método «Análisis de Problemas».

-**Toma de decisiones. Seleccionar la acción correctiva.** Elegir la alternativa más adecuada a la resolución del problema. Aplicaremos la técnica «Análisis de Decisiones».

-**Implantar la acción correctiva.** Elegida e iniciada la implantación de la alternativa, hemos de analizar los problemas potenciales que esta implantación puede originar. Utilizaremos la técnica «Análisis de Problemas Potenciales».

-**Confirmar la eficacia de la acción implantada.** Es un paso fundamental para confirmar la veracidad de la acción seleccionada. Caso de no detectar la mejora deseada es necesario volver a la etapa de selección de acción correctiva.

-Eliminar la acción interina. Una vez confirmada la eficacia de la acción implantada se anula la acción interina.

Antes de abordar el análisis de cada una de las etapas, exponemos un cuadro general con las distintas etapas y subetapas que contiene el proceso.

Cuadro de técnicas de análisis de problemas y toma de decisiones

ETAPAS	ANÁLISIS	SUBETAPAS	
			-Desviación
DETECCIÓN ➔	Análisis de ➔	Reconocer ➔	-Amenaza
DEL PROBLEMA	situación	Separar	-Oportunidad
		Asignar	
ACCIÓN INTERINA			
		Definición	
CAUSA ➔	Análisis del ➔	Especificación	
DEL PROBLEMA	problema	Desarrollo de causas	
			-Cambios
			-Rasgos diferenciales
			▪ Es/No es
		Comprobación	
		Verificación	
			-Coincidencia
			-Verificar
TOMA ➔	Análisis de ➔	Objetivos ➔	-Obligatorios
DE DECISIONES	decisión		-Deseables
	Barreras/limitaciones		-Superfluos
	Empresariales/personales	Alternativas	
		Comparar alternativas	
		Consecuencias adversas	
		Mejor alternativa	
IMPLANTAR ➔	Análisis del ➔	Objetivo	
ALTERNATIVA	problema	Construcción de un plan	
	potencial	Anticipar problemas	
		Evaluar amenazas	
		Identificar causas	
		Plan de acción preventiva	
CONFIRMAR EFICACIA			
ELIMINAR ACCIÓN INTERINA			

DETECCIÓN DEL PROBLEMA

Utilizamos la técnica del «Análisis de Situaciones» que consiste en:

- Reconocer la situación de desviación o amenaza.
- Separarla en sus partes más significativas.
- Asignar prioridades.

Reconocer

Una desviación. Cada departamento dispone de unos indicadores o parámetros de supervisión y control y una información periódica que le permite analizar en cada momento la evolución de los mismos.

Si nos referimos al departamento comercial, analizaremos tanto los indicadores ligados al presupuesto anual como los ligados al plan estratégico. Suelen ser índices ligados a evolución de producto, de mercado, facturación, desarrollo, rentabilidad, márgenes

Cualquier desviación que sobrepase los márgenes aceptados se convierte en un problema *reconocido.*

En el caso de una desviación *positiva,* debe analizarse para potenciar su eventual transversalización y convertirla en una **oportunidad para mejorar.**

Una amenaza futura. Cualquier tipo de acontecimiento que puede perturbar la evolución comercial prevista se convierte en un problema *reconocido.*

Las amenazas futuras pueden provenir de cada uno de los distintos departamentos de la empresa y es responsabilidad del máximo mandatario de los mismos el darlos a conocer con la mayor antelación posible al equipo directivo:

- **RRHH**. Negociación de convenio, previsión de huelga, baja sensible de algún empleado
- **Compras**. Déficit de materias primas, aumentos de precio de suministros…
- **Industrial**. Una instalación fuera de servicio, corte de suministros, calendario laboral, período vacacional.

- **Comercial**. Evolución de la competencia, disminución de precios.
- **Calidad**. Rechazo con previsión de devolución, cargo por revisiones.
- **Finanzas**. Multa por algún motivo, crédito no concedido, variación de unas condiciones de pago...
- **Dirección General**. Evolución del accionariado, inversiones no autorizadas, cambio de política estratégica .

Separar

La situación que nos origina un problema suele ser lo suficientemente compleja como para separarla en situaciones aisladas. Estas situaciones separadas nos darán a conocer cuáles son las importantes, cuáles las urgentes y la prioridad recomendada.

Es fácil que una desviación global incluya diversas desviaciones, y únicamente a través de la separación estaremos en disposición de analizar y seleccionar las acciones correctivas adecuadas.

Veamos un ejemplo. Si vemos que nuestro nivel de facturación es inferior al previsto en nuestro plan de ventas (reconocer el problema a través de una desviación), será conveniente antes de iniciar las acciones correctivas proceder a la máxima separación que nuestra información nos permita.

En este caso concreto el orden de las separaciones recomendadas sería:

- Facturación total. Ver desviaciones
- Facturación por mercado. Ver desviaciones
- Facturación por cliente. Ver desviaciones.
- Facturación por producto. Ver desviaciones
- Rentabilidad por producto desviado.

Cada una de las desviaciones importantes debe tratarse de forma individual, analizando la evolución y tendencia de su comportamiento en el pasado y su previsión para el futuro.

Con esta información hemos de ser capaces de conocer el impacto o gravedad de cada una de las desviaciones encontradas y asignar las prioridades correspondientes.

A continuación mostramos un ejemplo real de *separación* de problema.

Servimos 4 productos distintos a un cliente y detectamos un problema debido a reclamaciones y al desvío de calidad de dichos productos.

En el último mes hemos tenido 10 reclamaciones del cliente X en estos 4 productos, cuando lo estándar es tener entre 0 y 2. Esta situación crea un gran malestar con el cliente y amenazas con la reducción de pedidos.

Para analizar el problema se debe proceder a la *separación*.

Vemos el cuadro de reclamaciones de las 4 referencias en los 4 últimos meses:

REFERENCIA 4 productos	**MES ACTUAL -3**	**MES ACTUAL -2**	**MES ACTUAL -1**	**MES ACTUAL**
A	0	1	0	0
B	0	1	1	1
C	0	0	2	8
D	0	0	0	1

Vemos que el problema o desviación detectada se concentra en la referencia C, con **8** reclamaciones de las **10,** dentro del mes afectado.

1. Causas en producto C (analizamos las causas de las reclamaciones).

Dimensional **1**. Una tolerancia, no funcional, fuera de especificación.

Composición **0**. Composición del producto C correcta.

Aspecto Visual **7**. La observación del producto C muestra algún defecto.

Vemos que el problema de C es el detectado en su aspecto visual con **7** de las **8** reclamaciones.

2. Dentro del aspecto visual analizamos los siguientes aspectos:

Grietas **0**. (La 1ª fase de fabricación del producto es sensible a las grietas)

Manchas óxido **1**. (El paso por hornos puede manchar el producto)

Roturas y faltas de material **6**. (En la 1ª fase de fabricación es muy frágil)

Vemos que el problema es de roturas y faltas de material producidas al inicio de la fabricación, con **6** de las **7** reclamaciones por aspecto visual.

El problema se reduce a estudiar, dentro del proceso, dónde se produce la rotura y generar la acción correctiva correspondiente.

Lo que en principio podía parecer un problema muy complejo y de enormes consecuencias se presenta al cliente completamente separado, con lo que el problema se reduce a una única referencia conflictiva, con una causa muy determinada y una acción correctiva que debe ofrecer una total confianza de solución.

Asignar prioridades

Una vez separadas las diferentes situaciones que originan la desviación y el consiguiente problema, seremos capaces de asignar las prioridades y de elegir las acciones más adecuadas para su propio tratamiento en base a:

- Importancia.
- Impacto o gravedad.
- Urgencia.
- Tendencia.

En el ejemplo anterior, está claro que, a pesar de existir otras reclamaciones en otras referencias, la prioridad está en implantar la acción correctiva en los aspectos de roturas en la referencia C.

ACCIÓN INTERINA

Una vez detectado el problema y asignada la prioridad, veremos la conveniencia de aplicar alguna acción interina que ayude a minimizar el efecto del propio problema hasta la resolución del mismo.

Una falta de facturación podría recomendar como acción interina una disminución de horas extras o de turnos de trabajo, o una racionalización de los medios productivos.

En el caso del ejemplo que hemos citado, una acción interina podría ser el control visual unitario de la referencia C, hasta que se confirme la eficacia de la solución adoptada.

ENCONTRAR LA CAUSA DEL PROBLEMA

Es la etapa siguiente a la detección del problema y asignación de prioridades. Se trata de encontrar la verdadera causa del problema.

Deben evitarse las conclusiones precipitadas, así como desarrollar una tendencia demasiado creativa que nos aporte infinidad de posibles soluciones.

La metodología adecuada es el «Análisis de Problemas», que contiene las siguientes etapas:

- Enunciado del problema o su definición.
- Especificación del problema.
- Desarrollo de posibles causas.
- Comprobación de posibles causas.
- Verificación de la causa más probable.

Enunciado del problema

Se debe identificar de forma clara y concisa la naturaleza y desviación que debe corregirse.

Por ejemplo: En el mes M y para le referencia C del cliente X, se han producido **6** reclamaciones debidas a roturas o faltas de material.

Especificación del problema

A partir de la definición del problema, debe aportarse la máxima información para proceder a su análisis con un conocimiento amplio de los pormenores del problema.

Las preguntas que proponemos a continuación suelen ser clave para cuantificar y acotar la magnitud del problema:

¿Qué? Para definir el origen del problema.

¿Dónde? Para definir y acotar la ubicación del problema.

¿Cuándo? Para definirlo y acotarlo en el tiempo.

¿Cuánto? Para definirlo dimensionalmente.

Estas preguntas deben encuadrarse estrictamente en el área del problema pero siempre dentro del caso concreto.

Otra herramienta útil para identificar el problema es identificar lo que el problema NO ES, estableciendo así una línea divisoria entre el ES y el NO ES.

Desarrollo de posibles causas

Para explicar un problema podemos desarrollar una lista interminable de potenciales causas. Para evitar esta circunstancia aplicaremos el método de **cambios** y **rasgos diferenciales.**

Imaginemos un producto P1 que antes era rentable y ahora no lo es, y, por el contrario, otro producto P2, parecido al P1 con una estructura de proceso similar, que antes era rentable y ahora sigue siéndolo.

PRODUCTO	RENTABILIDAD ANTES SITUACIÓN A	RENTABILIDAD AHORA SITUACIÓN B
P1	SÍ	NO
P2	SÍ	SÍ

Teniendo en cuenta que el problema de falta de rentabilidad que aparece para P1 en la situación B no existía anteriormente en la situación A, y que sigue sin aparecer en otras situaciones B para el producto P2, parecido al que ha generado el problema, podemos preguntarnos:

PRODUCTO	Características físicas Características dimensionales Tolerancias Precios /Condiciones	Analizar la evolución del producto respecto de las condiciones de la oferta y vigentes en la situación A
	Materia prima	Analizar si han variado las condiciones iniciales en calidad y precio
	Proveedores Servicios externos	Analizar si ha cambiado algún proveedor o alguna gama de proceso externo que afecte al producto
	Personal	Analizar si han existido cambios significativos en el personal dedicado al producto
	Ubicación	Analizar si ha existido un cambio de ubicación que hubiese podido repercutir en el producto
	Calidad	Comprobar que los índices de calidad se corresponden con los previstos en la oferta
	Evolución consumo	Analizar si la evolución de la demanda perjudica la rentabilidad del producto
RESUMEN ESTRUCTURAL	ESCANDALLO / COSTE	Con el conocimiento de todos los datos anteriores, realizar un nuevo escandallo comparando con la oferta
ENTORNO EMPRESARIAL	Confianza Política Finanzas Asistencia	Analizar si la evolución de estos parámetros pueden haber originado falta de rentabilidad
ENTORNO ORGANIZATIVO	Nueva dirección Nueva organización Cambio de accionariado Cambios estructurales Cambios estratégicos	Comparar cada parámetro para P1 entre B y A y entre P1 y P2 en B
ENTORNO ECONÓMICO	Salud financiera	Comparar cada parámetro P1 entre B y A y entre P1 y P2 en B
COMPETENCIA	Condiciones económicas Asistencia y servicio Nivel calidad/logística	Comparar cada parámetro P1 entre B y A y entre P1 y P2 en B

CAMBIOS. Comparándolo a sí mismo. Qué estoy haciendo con el producto P1 actualmente en la situación B que no hacía en la situación A, y qué hacía antes en la situación A qué no hago ahora en la situación B.

RASGOS DIFERENCIALES. Comparándolo con el producto P2. Qué estoy haciendo en la situación B para P1 que no hago en la situación B para P2.

Aplicaremos como ejemplo las 2 primeras preguntas de los ***rasgos diferenciales*** y de los ***cambios*** a cada uno de los parámetros del entorno relacionado con la falta de rentabilidad del producto P1 en B, comparadas con las del propio P1 en el pasado rentable A.

Previamente y como primer paso confirmaremos que la naturaleza y definición del producto P1 en situación B es la misma que tenía en la situación A.

ANÁLISIS CAMBIOS ESTRUCTURALES.

Analizaremos en la situación B comparada con A aquellos factores relativos al producto y su entorno organizativo sensibles al cambio y que por su naturaleza son independientes del propio proceso de fabricación (ver cuadro ant.).

APLICACIÓN MÉTODO CAMBIOS.

Tal como se comentó, se trata de comparar entre la situación B actual y la A anterior cada una de las variables inherentes a cada fase del proceso.

APLICACIÓN MÉTODO RASGOS DIFERENCIALES.

Se trata de comparar el producto P1 con el producto P2 en la situación actual B, en cada una de las variables inherentes a cada fase del proceso, y en ambos casos ver cómo afecta a la rentabilidad del producto.

PROCESO	Materia prima Fases de fabricación Transporte Personal involucrado Servicios externos Proveedores	Analizar si para P1 **han existido** cambios sustanciales en los parámetros mencionados entre la situación B y la A Analizar si **existen** cambios sustanciales en los parámetros mencionados entre P1 y P2
CLIENTE	Ubicación Condiciones logísticas Nivel calidad Cond. Compras/Precio	Comparar cada parámetro para P1 entre B y A y entre P1 y P2 en B
MERCADO	Consumo Cliente Logística	Comparar cada parámetro para P1 entre B y A y entre P1 y P2 en B
ENTORNO INDUSTRIAL	Inversiones Obsolescencia industrial y problemas de calidad	Comparar cada parámetro para P1 entre B y A y entre P1 y P2 en B

Comprobación posibles causas

Se trata de probar de forma rigurosa cada posible causa frente a la especificación del problema. Buscamos las causas que explican todas las dimensiones del problema.

Analizamos cada causa y comprobamos qué:

- Explica cada concepto del ES.
- Explica cada concepto y razón del NO ES.

Las causas seleccionadas serán tratadas para la verificación.

Verificar la causa más probable

Aplicaremos la siguiente metodología:

Prueba de la coincidencia. Confrontamos la posible causa del problema con los datos de la especificación para confirmar que se explican todos los pormenores del mismo.

Prueba de la verificación. Se trata de investigar si la eliminación de la posible causa resuelve el problema de forma definitiva. Es una fase costosa desde el punto de vista de que se recomienda realizar una simulación del caso real con la potencial solución aplicada.

Verificación de resultados. Esta fase corresponde a una comprobación real de la resolución del problema en base a la aplicación de la acción correctiva seleccionada.

TOMA DE DECISIONES. SELECCIONAR LA ACCIÓN CORRECTIVA

Una vez hemos determinado las causas del problema, nos enfrentamos a la fase más real del proceso, que es la de decidir cuál o cuáles van a ser las acciones correctivas a implantar.

Está claro que no todas las acciones correctivas tienen el mismo grado de dificultad en su aplicación, unas por la complejidad de su aplicación, otras por falta de recursos y otras por el tipo de implicación que conllevan.

Antes de abordar el tema debemos examinar el ambiente para tomar decisiones porque, si el ambiente no es favorable, la toma de decisiones puede ser correcta pero ineficaz.

He aquí algunas de las posibles razones por las cuales el ambiente dentro de la empresa puede que no sea propicio para el directivo que debe tomar decisiones.

Barreras empresariales para la toma de decisiones

1. Las políticas y objetivos de la empresa no son suficientemente claros. En estos casos es difícil saber el rumbo a tomar y las decisiones pueden ser contradictorias con el propio objetivo de la empresa. En estos casos se deben previamente aclarar o definir los objetivos de la empresa en el máximo grado posible.

2. La solución de problemas y toma de decisiones está siendo obstaculizada por la propia dirección de la empresa. Esta situación ocurre con cierta frecuencia en fases de cambio generacional o en épocas de dificultades económicas o financieras. En estos casos hay que buscar apoyos adicionales a la acción propuesta y demostrar numéricamente la eficacia de la solución.

3. Puede existir una atmósfera amenazante. Esta situación ocurre en aquellas empresas u organizaciones en las que para cualquier situación de conflicto se busca siempre a un culpable para atribuirle la responsabilidad. En estos casos es necesario mostrar un coraje especial y afrontar la toma de decisiones aun a sabiendas del riesgo existente.

4. Falta de comunicación interdepartamental. La falta de comunicación es origen de problemas adicionales y de falta de eficacia en las soluciones adoptadas. En estos casos hay que hacer un esfuerzo adicional de comunicación para asegurarse de que el mensaje de la acción seleccionada llegará adecuadamente a todos los destinos necesarios.

Este punto es muy importante teniendo en cuenta que la mayoría de acciones correctivas atañen a varios departamentos y que solamente la involucración de todos ellos puede proporcionar el éxito deseado.

5. Apoyo al hombre rutinario y no al creativo. Esta situación ocurre en las empresas llamadas conformistas y continuistas. En estos casos hay que estar dispuesto a mostrarse como creativo a pesar del riesgo que ello comporta. La única precaución a adoptar es la de asegurarse previamente y de forma reiterada del éxito de la solución a implantar.

La toma de decisiones es la fase donde el verdadero directivo debe sacar a relucir toda su capacidad intelectual y de gestión, y para ello debe disponer de la información más amplia y exhaustiva sobre cada una de las potenciales acciones correctivas a implantar.

Antes de abordar el método para seleccionar la acción correctiva, y con ello la toma de decisiones, queremos hacer mención de una serie de aspectos que por su influencia negativa hemos de tener en cuenta.

Barreras personales para la toma de decisiones

Hemos visto que los elementos externos pueden crear una atmósfera que ayude o perjudique en la toma de decisiones. A continuación analizaremos una serie de circunstancias que nos impiden tomar decisiones de forma efectiva.

Se trata de analizarlas y, en el caso que nos identifiquemos con alguna de ellas, aplicar la acción correctiva necesaria para minimizarla y, si es posible, eliminarla.

El buen directivo no debe caer en las siguientes trampas:

-**Favoritismo hacia una de las alternativas.** Esta situación ocurre cuando nuestro propio conocimiento y experiencia nos inducen a tomar una determinada decisión sin analizar el resto de alternativas.

-**Tendencia a evadir el trabajo creativo.** Muchas personas prefieren los trabajos rutinarios a los creativos, evitando los riesgos que esta segunda modalidad comporta.

-**Considerar solo el lado positivo de la alternativa propuesta.** Es absolutamente necesario analizar las eventuales connotaciones negativas que puede comportar la implantación de la alternativa seleccionada.

-**Usar suposiciones en lugar de informaciones.** Esta es una posibilidad de alto riesgo, puesto que las conclusiones pueden ser fácilmente erróneas y con ello carecer de la eficacia deseada.

-**Implicarse emocionalmente en la alternativa.** Esta circunstancia impide el buen desarrollo de la implantación de la alternativa seleccionada.

-**Método del avestruz.** Muchos directivos proceden a negar la evidencia de un problema para evitar el tener que tomar decisiones sin tener en cuenta que los problemas por sí solos y solamente con el factor tiempo difícilmente se resuelven.

-**Excesiva motivación.** Cuando el problema es tan grave que el directivo se encuentra emocionalmente implicado en él, puede llegar a una situación de parálisis que no le permite reaccionar.

Elementos esenciales a incluir

Analizados todos los aspectos negativos o perturbadores que pueden perjudicar nuestra correcta selección de alternativas, pasaremos a desarrollar cuáles son los elementos esenciales para preparar correctamente el análisis de las decisiones:

-**Concentrarse en los objetivos.** Hemos de tener en cuenta básicamente la definición del problema y sus especificidades para no proponer alternativas de mayor amplitud pero con menor concentración.

-**Considerar un nivel adecuado de objetivos.** Es necesario establecer la prioridad de los objetivos, clasificándolos en indispensables u obligatorios, deseables y superfluos.

-**Examinar el problema desde todos los ángulos.** El secreto de un enfoque con éxito para la solución de problemas de negocio es hacer todos los papeles del entorno del negocio, es decir, tanto los propios como los de los demás.

-**Contemplar todas las alternativas.** Esta fase exige un esfuerzo de creatividad. No contentarse con las alternativas que parecen obvias ni reducir el problema a un simple sí o no. El intercambio de ideas con otras personas suele dar como resultado la obtención de mejores alternativas.

La mejor respuesta a un problema de negocio no suele ser la más obvia, sino la que ha sido elaborada a través de una edición mental repetida.

-**Acumular y resumir la máxima información.** La información veraz y adecuada sobre cada alternativa es la que nos debe permitir seleccionar la alternativa más viable. En algunas ocasiones no llegamos al fondo del problema porque nos confundimos con los detalles. La única forma de vencer esta clase de bloqueo mental es deshaciéndose de todos los detalles irrelevantes.

-**Reestructurar los problemas en tiempo y espacio.** Reestructurando un problema en tiempo y espacio se puede afrontar en un orden de tiempo prefijado en lugar de hacerlo cronológicamente. En muchas ocasiones es importante el cumplimiento de un plazo final, y ello obliga a proceder a la aplicación de la alternativa seleccionada en forma contraria al tiempo.

-**Asociación libre antes de valorar alternativas.** Si el directivo se encuentra muy involucrado y afectado por el problema o en su solución, se restringe su mente y oscurecen los hechos, y se tiende a cerrar la mente a otras posibles soluciones y a sus ventajas. Es necesario partir de varias ideas y explorarlas con la mente abierta y sin influencias externas.

La mente humana no responde de la misma forma que responde una máquina, es decir, automáticamente, frente a una decisión. La mente resuelve mejor los problemas bajo condiciones tranquilas que bajo condiciones apremiantes. No deben tomarse las decisiones inmediatamente, sino colocar la mente abierta y seguir con las tareas rutinarias. El subconsciente sigue trabajando en el problema y en la solución más óptima.

-**Analizar situaciones similares en otras empresas de éxito.** A fin de ampliar la información, y con ello el espectro de las alternativas, es muy útil analizar lo que otras empresas de éxito han realizado en situaciones parecidas.

-**Afrontar los problemas con entusiasmo.** Psicológicamente, el entusiasmo es un elemento muy importante para alcanzar el éxito en cualquier actividad humana.

Esquema de análisis de decisiones

(detalle del cuadro general)

Establecer objetivos➔	Objetivos y recursos➔	-Obligatorios -Deseables -Superfluos
Buscar alternativas		
Comparar alternativas		
Evaluar consecuencias adversas		
Elegir la mejor alternativa		

Establecer y clasificar objetivos. Se trata de:

1. **Enunciar** el propósito de la decisión de forma clara y rotunda a fin de establecer los objetivos y las alternativas.

2. **Establecer** los objetivos, traducido esto en resultados necesarios y deseables. Indicar los recursos disponibles.

3. **Clasificar** los objetivos de acuerdo con su importancia, actuando prioritariamente con aquellos que consideramos *obligatorios* y que responden a la pregunta ¿es absolutamente imprescindible que se logre? Los objetivos obligatorios deben ser cuantificados a fin de valorar la eficacia de la alternativa seleccionada.

Buscar alternativas. Trabajar de forma metódica y ordenada en base a la consecución de los objetivos obligatorios como prioritario y los deseables a continuación. Mantener la mente abierta a potenciales nuevos objetivos y alternativas.

Comparar alternativas. Esta fase tiene como objetivos:

1) Comparar cada alternativa con los objetivos obligatorios y confirmar que se cumple cada uno de ellos. Eliminar las otras alternativas.

2) Confirmar que las alternativas elegidas cumplen los objetivos deseables.

3) Evaluar cada alternativa en función del *peso* del objetivo correspondiente a dicha alternativa y del *grado de satisfacción* conseguido, eligiendo finalmente la de mayor puntuación.

Evaluar consecuencias adversas. Es necesario reflexionar sobre aspectos futuros analizando condicionantes como compromiso, flexibilidad, irreversibilidad, dificultad de implantación o impacto en el personal. Hemos de dar un *peso* cuantificado a la gravedad del factor adverso y otro al grado de probabilidad de que ocurra.

Elegir la mejor alternativa. El cumplimiento de los pasos anteriores y el análisis de la cuantificación mencionada nos aconsejará la decisión de *seguir* o *detener*.

IMPLANTAR LA ACCIÓN CORRECTIVA

La implantación de la mejor acción correctiva puede provocar nuevas amenazas o por el contrario ser fruto de nuevas oportunidades.

La técnica adecuada para garantizar el éxito de la acción correctiva es el Análisis de Problemas Potenciales, que contiene las siguientes fases:

-Concretar el propósito de la acción.
-Construir un plan.
-Anticipar problemas potenciales.
-Evaluar las amenazas.
-Identificar causas probables.
-Planificar acciones preventivas.
-Planificar acciones contingentes.
-Recoger información.

Concretar el propósito de la acción

Se trata de exponer claramente el objetivo que se pretende lograr.

Construir un plan

Si en la fase anterior se aplicó el Análisis de Decisiones, hemos de poseer una excelente información y una clara definición sobre **objetivos** obligatorios, objetivos deseables y consecuencias adversas. La elaboración de un plan debe dar respuesta a las preguntas qué se va a hacer, dónde, cuándo, con qué recursos y quién.

Anticipar problemas potenciales

Se trata de detectar anticipadamente, las desviaciones específicas respecto del objetivo que se pueden presentar durante la ejecución del plan.

Es muy útil contestar a preguntas como ¿Qué puede salir mal? ¿Qué cambios no previstos pueden ocurrir? ¿Dónde tengo plazos muy ajustados? ¿Dónde tengo puntos débiles en el plan? o ¿Son realistas las previsiones del plan?

Evaluar las amenazas

Hemos de evaluar las potenciales amenazas analizando: ¿Qué probabilidad tengo de que se produzca? ¿Qué gravedad implica si se produce?

Identificar causas probables

Después de evaluar las amenazas, somos capaces de priorizarlas en casos concretos y planificar una correcta acción preventiva.

Planificar acciones preventivas

La importancia del problema y la objetividad de su causa más probable son elementos que ayudan a decidir la implementación de una acción correctiva como elemento integrante del plan general.

Planificar acciones de contingencia

Está orientada a eliminar o minimizar el efecto del potencial problema en el caso de que llegase a producirse. Las acciones contingentes deben tomarse básicamente cuando no podamos aplicar acciones correctivas o que estas sean de dudosa eficacia.

Recoger información

La información clara y verídica de la evolución del plan es fundamental para una aplicación correcta de las acciones preventivas y de contingencia.

CONFIRMAR LA EFICACIA

Se utiliza la **técnica de la simulación.** Se trata de hacer un ensayo lo más realista posible aplicando la decisión adoptada a la propia situación que generó el problema. De esta forma podemos comprobar si el problema desaparece o por el contrario todavía permanece abierto en alguna de sus facetas. En este caso será necesario replantear el proceso para buscar la solución complementaria a la adoptada.

Caso de no resolverse el problema, sería necesario reiniciar el proceso desde el principio, analizando el error que hemos podido cometer.

ELIMINAR LA ACCIÓN INTERINA

Lógicamente, una vez resuelto el problema o la causa que lo podría originar, se debe eliminar la acción interina. Debe efectuarse de una forma gradual a fin de evitar repercusiones adicionales que se podrían producir a causa de la propia implementación de la acción interina.

ANÉCDOTA 6
El restaurante

El trabajo comercial, en el aspecto de ventas, proporciona muchos momentos de entusiasmo, como pueden ser los casos de consecución de nuevos mercados, clientes o pedidos, y otros muchos momentos de desánimo, en las ocasiones contrarias.

Independientemente del momento emocional que estemos viviendo, hemos de aplicar un cierto pragmatismo a cualquier acto de nuestra vida profesional y no debemos dejarnos llevar ni por la euforia en unos casos ni por el desánimo en otros.

Pensemos que detrás nuestro hay siempre un presupuesto que cumplir y un plan estratégico que alcanzar, y que cualquier gasto excesivo que no aporte valor añadido habrá que justificarlo y compensarlo.

El equilibrio profesional es el mejor compañero de viaje.

Esta es la historia

Salía de una exitosa negociación con un cliente francés y me dispuse a celebrarlo ofreciéndome a mí mismo una excelente cena. No tuve otra ocurrencia que dirigirme al restaurante Le Grand Véfour de la rue du Beaujolais en París.

Entro, muy amablemente me conducen a una mesa redonda en el centro del restaurante y de nuevo muy amablemente me traen la carta. Espero que el resto de clientes que estaban en el restaurante no estuviesen pendientes de mí porque la cara de pánico que puse al ver la columna de la derecha de la carta debía de ser un poema.

Por otro lado, tampoco tenía el valor de levantarme e irme, por lo que me mantuve petrificado, sentado en mi mesa. Supongo y afirmo que el que sí observó mi semblante de angustia fue el **maître** del restaurante. Se acercó a mí y con una naturalidad encomiable me preguntó: «¿Es la primera vez que el señor visita nuestra casa?». Ante mi respuesta afirmativa, prosiguió: «En este caso, le recomiendo una especialidad de la casa que no puede usted dejar de degustar —y sin darme tiempo a reaccionar añadió—, tome usted el **pot au feu,** que de buen seguro le encantará, y si no tiene usted mucho apetito se lo recomiendo como plato único. Y para beber le ofrezco una copa de un **bourgogne** (de no sé qué año) que marida a la perfección».

Cené por el precio de dos, pero no de cinco o seis, tal como había calculado en mi primera observación. Qué gran profesional.

Me había salvado la vida y el tener que dar muchas explicaciones, ninguna convincente.

COROLARIO

No nos dejemos llevar ni por impulsos ni por falsas euforias y mantengamos un equilibrio justo en todas las acciones de nuestra vida profesional.

Ante el temor de la pérdida de un pedido o cliente por aspecto económico, seamos creativos y busquemos alternativas, pero no lo dejemos escapar.

CAPÍTULO 7

LA NEGOCIACIÓN

ANTECEDENTES

La Jaycees International en su publicación *Líder* nos introduce al concepto de negociación como un proceso que tiene lugar siempre que las personas se reúnen con el propósito de cambiar las relaciones o el *statu quo* de una situación.

Hemos de aplicar siempre las máximas:

En una negociación de éxito todo el mundo involucrado gana.

En una negociación de éxito todo el mundo involucrado ha de estar dispuesto a ceder algo que pretendía conseguir o conservar.

El objetivo debe ser competir y cooperar para lograr resultados positivos y estables.

El negociador se enfrenta a uno de los retos más difíciles de nuestro tiempo: lograr que intereses diversos se pongan de acuerdo y actúen unidos sobre la base de un solo punto de vista.

No contemplamos nunca en este tratado ni admitimos la posibilidad dentro de la negociación, por ninguna de las dos partes, de lo que podríamos llamar «la práctica del engaño».

DEFINICIÓN Y CARACTERÍSTICAS DE LA NEGOCIACIÓN

La negociación consiste en el acercamiento de dos partes opuestas hasta que alcanzan una posición aceptable para ambas.

Es un proceso de comunicación en el que dos o más partes, interdependientes y con intereses diferentes sobre uno o varios temas, tratan de alcanzar un acuerdo, aproximándose por medio de concesiones mutuas.

Como podemos entender de las dos definiciones anteriores, para que exista negociación debe presuponerse de antemano la voluntad explícita de ambas partes a encontrar una zona de solape o un punto de acuerdo. Si por una o ambas partes no existe esta voluntad de acercamiento, la negociación no tiene ninguna posibilidad de éxito.

En una negociación cada una de las partes ha de disponer de sus *poderes* para negociar. Tampoco existirá negociación si una de las partes posee *poderes* infinitamente superiores a la otra parte. Entraríamos en la figura del «ordeno y mando», muy alejada de lo que entendemos por negociación.

La negociación consiste en el acercamiento de las dos partes opuestas hasta alcanzar una posición aceptable para ambas.

En la mayoría de las negociaciones partimos de dos posiciones opuestas con una distancia entre ellas que se irá moviendo y acortando en el transcurso de la misma. Se suele partir de una situación ventajosa y se inicia un movimiento hacia zona de *solape* o zona común.

TIPOS BÁSICOS DE NEGOCIACIÓN

La forma más común de negociar es aquella en la que cada una de las partes muestra a la otra cuáles son sus *poderes* y el inherente potencial de satisfacción a una necesidad existente: ofrezco un producto que cubre una necesidad y me lo compensan de forma que cubren una mía.

En la negociación comercial, uno posee el *poder* del producto y el otro posee el *poder* del pago o compensación. Uno negociará para obtener el mejor producto al menor precio, y el otro negociará en sentido contrario.

En la mayoría de los casos el poder proviene de la percepción de una parte de que sus necesidades pueden ser satisfechas.

La posibilidad de un resultado positivo aumenta con la habilidad para descubrir cuáles son las necesidades de la otra parte y para identificar lo que uno tiene para satisfacer estas necesidades.

Cada parte deberá intentar identificar y construir un terreno común y tratar de asegurar que la otra parte no se vaya con las manos vacías.

En el desarrollo de este proceso, y tal como se define en los diferentes simposios que se efectúan sobre técnicas de negociación, destacaremos dos tipos bien diferenciados de negociación basados en la actitud del propio negociador:

-La negociación competitiva.

-La negociación colaborativa.

NEGOCIACIÓN COMPETITIVA Y NEGOCIACIÓN COLABORATIVA

Negociación competitiva

Los participantes son adversarios.
El objetivo es la victoria.
Se desconfía del otro.
Se insiste en la posición.
Se contrarrestan argumentos.
Se amenaza.
No se muestra el límite inferior.
Se exigen ganancias para llegar al acuerdo.
Se intentan sacar los mayores beneficios.

Negociación colaborativa

Los participantes son *amistosos*.
El objetivo es el acuerdo.
Se *confía* en el otro.

Se insiste en el acuerdo.
Se informa.
Se ofrece.
Se muestra el límite inferior.
Se intenta cubrir las necesidades de la otra parte.
Se puede llegar a prescindir de beneficios para llegar al acuerdo.

Enumeradas las características y diferencias que definen una negociación competitiva de una colaborativa, estamos absolutamente seguros de que nuestro lector conoce y ha experimentado negociadores y negociaciones de ambos tipos.

Mientras por un lado se intenta *amigablemente* buscar una colaboración que conduzca a una zona de interés común a través de ofrecer información correcta, tanto de nuestras necesidades como de nuestras posibilidades, por el otro intenta valerse del *poder* y habilidad para forzar al otro a aceptar nuestras condiciones, aunque por ello se tenga que conducir la negociación por la senda de la confrontación.

En el primer proceso se procura que todo el mundo gane o pierda lo mínimo, y en el segundo solo se admite nuestra ganancia, sin evaluar lo que representa estratégicamente para el futuro la pérdida de la otra parte.

Definidos los dos tipos de negociación, pasaremos a remarcar que ninguno debe aplicarse de forma sistemática sino que dependerá de las características de cada negociación y que el *mejor* negociador será aquel que en cada momento sea capaz de seleccionar y aplicar la técnica más adecuada y eficaz dentro de un concepto global.

CRITERIOS DE SELECCIÓN

Existen tantos tipos de negociación como complejo es el mercado, tanto en el aspecto industrial y comercial del producto como en el de las relaciones humanas que lo gestionan.

Aunque de forma general se recomienda la negociación colaborativa, señalaremos que, salvo excepciones que el buen negociador debe percibir y seleccionar, la negociación competitiva se limita a situaciones de un cierto monopolio, es decir, cuando se dispone de un *poder* o producto diferencial, necesario para satisfacer la necesidad de la otra parte y que solo nosotros podemos ofrecer. Esta es una situación dominante. Aun en este caso habrá que valorar la globalidad de nuestro cliente y la de nuestro mercado, para evitar repercusiones negativas en otros productos a negociar.

A continuación reseñamos los parámetros básicos que nos servirán de pauta para seleccionar el mejor tipo de negociación, sea la competitiva o la colaborativa:

- Se trata de una negociación simple y a corto plazo.
- Se trata de una negociación compleja y a largo plazo.
- Hemos de atender mercados globales o mercados locales.
- Nuestros clientes son globales o locales.
- Nuestro producto es diferencial o estándar.
- Nuestra competencia es fuerte o débil.
- Nuestro desarrollo es complejo o sencillo.
- El comprador es de carácter colaborativo o competitivo.
- Urgencia de la propia negociación.

De un compendio de estos parámetros y otros derivados se desprenderá la mejor opción para la negociación.

- Si una negociación es simple y a corto plazo, no es tan necesario aplicar una estrategia colaborativa, puesto que la consecuencia del resultado de la misma quedará pronto absorbida por la propia dinámica del negocio global y la propia aplicación diluirá los posibles efectos negativos de la compra.
- Por el contrario, si una negociación es compleja y larga, es necesario abordarla con un aspecto colaborativo,

puesto que existirán múltiples ocasiones en las que una estrategia competitiva pondría en evidencia nuestra actuación, con el correspondiente riesgo para el buen fin de la propia negociación.

- La influencia de que el mercado sea global o local dependerá de si nuestro producto es diferencial o estándar, y de si el comprador es global o local.

Un comprador global tiene una influencia más allá de la negociación específica y por tanto nuestra visión de negocio ha de ser global. En este caso una negociación competitiva podría perjudicar una colaboración amplia y fructífera. Un producto diferencial permite una negociación más de carácter competitivo pero sin prescindir de la influencia del comprador global.

- Otro punto a tener en cuenta en la negociación es el potencial de la competencia y su grado de penetración en el cliente.

Una competencia potente y de elevada penetración en el cliente nos obligará a ofrecer aspectos diferenciales ventajosos en nuestro producto y que pueden ser tanto de carácter económico como técnico.

En este caso hemos de buscar el equilibrio entre la estrategia colaborativa y la competitiva. Una negociación demasiado larga daría ocasión a la competencia a intervenir, con el consiguiente riesgo. Se trata de ofrecer una situación ventajosa y cerrar lo más rápido posible. El tiempo actúa en contra de nuestros intereses.

- Para aquellos casos de desarrollos complejos, es necesario aplicar una estrategia colaborativa, puesto que con cierta frecuencia intervendrán otros departamentos ajenos a Compras, y con ello la colaboración se convierte en un aliado para conseguir el éxito.

- Es importante conocer de antemano el estilo del comprador a fin de preparar la técnica de negociación más adecuada, no sucumbiendo a aspectos puramente de forma. Estos aspectos de forma se superan con confianza en uno mismo y con conocimiento profundo del tema a negociar.

- Si por un motivo cualquiera la negociación se convierte en un tema urgente, con necesidad de llegar a un acuerdo rápido, tendremos que valorar las siguientes posibilidades;

a) Se trata de un cliente global y esta negociación y acuerdo *urgente* nos puede proporcionar nuevas líneas de negocio. En este caso la valoración del acuerdo específico será parcial y habrá que analizar el tema de forma transversal y global (siempre es bueno que un comprador esté en deuda contigo).

b) Si se trata de un cliente local, puede ser una buena ocasión para lograr un beneficio adicional.

METODOLOGÍA PARA NEGOCIAR

Es importante partir de la base de que una negociación no es un hecho o un suceso, sino un proceso, y como tal es necesario afrontarlo con una metodología adecuada a cada caso.

Un negociador deberá, no solamente seguir el método y saber las técnicas, sino también reconocer las que su opositor utiliza.

Como hemos visto en el apartado de las características de negociación, las dos técnicas fundamentales son la **competitiva**, o enfoque de *ganar–perder,* y la **colaborativa**, o enfoque de *ganar–ganar.*

Debido a que negociar es un arte y no una ciencia, no puede haber garantía de que la combinación que funcionó tan bien la última vez vuelva a funcionar bien en una nueva ocasión. Nuestras circunstancias cambian y las de nuestro opositor también.

El fracaso en lograr un *arreglo negociado* refleja con frecuencia la incapacidad del negociador para reconocer la base del desacuerdo y para alterar las rutas que finalmente pueden conducir a un arreglo satisfactorio para ambas partes.

El enfoque de fecha límite, la introducción de nueva información, cambios en las condiciones económicas o un cambio en el equipo negociador son todos parámetros que afectan a las negociaciones y a la propia habilidad para negociar.

A continuación pasamos a reseñar las fases que comporta una negociación.

LA PREPARACIÓN

La fase de preparación de la negociación es fundamental para aumentar las posibilidades de éxito en el cumplimiento de los objetivos.

La habilidad de las negociaciones reside, precisamente, no en tener ideas brillantes y hacer propuestas desconcertantes e inesperadas en la mesa de negociación, sino en llevar todo el proceso bien preparado y previsto desde el principio hasta el final, sin dejar ningún aspecto al azar.

Si estamos pensando sobre la marcha los argumentos para defender nuestros intereses, incurriremos en un grave error, ya que no podremos escuchar activamente a la otra parte y averiguar así sus preferencias, intereses, puntos fuertes y débiles.

Una falta de preparación implica ir a remolque de la otra parte y que, admitiendo que ella sí se haya preparado, será la que lleve la iniciativa del proceso, con el correspondiente resultado nocivo para nuestros intereses. Nuestra actuación será de reacción en lugar de acción, con las consecuencias negativas que ello comporte.

La preparación incluye identificar las diferencias entre los puntos de vista de las partes en negociación. Los hechos o los objetivos pueden ser diferentes y los enfoques deben ser tomados en cuenta.

El primer paso es comprender los conceptos de la negociación y entenderla como el proceso de utilizar el poder y la información para afectar el comportamiento de la otra parte.

Definiremos el término *poder* como el uso positivo de recursos para alcanzar los objetivos previstos afectando a las personas y al curso de los acontecimientos.

La magnitud del *poder* propio es determinada en gran parte por la percepción, tanto por nuestra parte como por la parte contraria.

Si uno está convencido de que tiene el poder, lo tiene. Si piensa que no lo tiene (aun en el caso de que lo tenga), no lo tiene.

El poder también incluye la voluntad y la asunción de correr riesgos razonables. Al negociar se asume la responsabilidad de saber cómo usar el poder de manera ética y eficaz para hacer progresar los intereses y conseguir los objetivos.

Es importante contar con el soporte de la organización, es decir, la fortaleza y el respaldo de la organización del negociador. Cuanto más respaldo obtenga el negociador, más podrá lograr su equipo un comportamiento como grupo. Si la organización utiliza a un equipo detrás del negociador, tiene con frecuencia más posibilidades de lograr el objetivo, porque hay más personas informadas y comprometidas con el resultado.

Definición del objetivo

En la fase de preparación se debe definir el objetivo, así como los márgenes de aceptación. En cada negociación existe un punto óptimo para el resultado a obtener y un punto por debajo del cual no tenemos interés en proseguir el proceso. Y esta misma situación se produce en el caso del opositor.

En una negociación *normal* existe una zona común entre las dos figuras que acabamos de mencionar. Se trata de moverse desde la posición más favorable u óptima hasta llegar a la zona de *solape* o de aceptación por ambas partes.

El espacio entre la zona óptima y nuestro punto límite es lo que llamaremos «margen de maniobra».

La capacidad y habilidad de los negociadores de cada una de las partes son las que decidirán el punto de encuentro más favorable. Difícilmente en una negociación una de las partes acepta la posición óptima de la otra parte. Es absolutamente indispensable conocer esta zona común, puesto que, con gran posibilidad de terminar dentro de ella, nuestro beneficio estará en terminar la negociación en la zona más cercana a nuestro inicio, y en ningún caso más allá de la zona de *solape* preestablecida.

La habilidad y argumentación de los negociadores definirán la localización del punto de encuentro de la negociación.

En alguna negociación puede darse el caso de que, dada la enorme distancia entre los puntos de partida, no exista zona de solape o zona común. En estos casos habrá que hacer un esfuerzo importante por ambos lados para estar dispuesto a ceder algo más de lo previsto, buscando otros temas de compensación para cada una de las partes. Aquí la transparencia por ambos lados será fundamental y condicionante obligado para poder efectuar una negociación de las denominadas de «cartas abiertas encima de la mesa».

Exponemos a modo de resumen algunas de las preguntas que nos hemos de plantear en la fijación de objetivos:

-Qué es lo que necesita mi cliente.

-Qué es lo que estoy dispuesto a ofrecer.

-De qué alternativas dispongo.

-Qué ofertas o concesiones adicionales puedo hacer.

Búsqueda y análisis de la información

Otro factor fundamental es la posesión de información. El éxito en la negociación requiere aprovechar toda fuente imaginable de información. Esto incluye los hechos conocidos, antecedente y circunstancias del momento, personalidad y sensibilidad de la otra parte, el marco del tiempo y de la urgencia, el conocimiento de nuestra posición respecto de nuestra competencia y el comportamiento y autoridad del otro lado para finalizar y cerrar la negociación.

Es necesario conocer la mayor parte de datos que afectan a la actividad del cliente en su totalidad a fin de poder situar nuestro rango de participación (producciones, facturaciones, situación de la competencia, planes futuros del cliente...).

Hemos de conocer quién es nuestro interlocutor y el rango de influencia que posee en la negociación a llevar a cabo.

Es muy útil disponer de un resumen completo de cómo se desarrolló la última conversación, aunque fuese para otro tema.

Los medios para conseguir información adicional a la de la propia relación comercial son sumamente diversos: desde las charlas informales con miembros de la otra parte hasta las medidas más planificadas, como estar suscrito a revistas y publicaciones de la otra parte.

Reunir información sobre la otra parte es elemental, cualquiera que sea el objeto de la negociación. Debemos tener en cuenta que nuestro opositor puede manipular la información que recibimos.

Prepararse en el transcurso de la misma negociación es lo peor que se puede hacer, porque se limita nuestra capacidad de poner a prueba la información que el opositor no está dando acerca de sus objetivos e intenciones. Si vamos a obtener información que necesitamos de la otra parte debemos estar dispuestos a reciprocar, ofreciendo la información que dicha el contrario necesita de nosotros.

Hemos de destacar que la parte que posea la mejor información y conocimiento sobre lo que se negocia estará en posición ventajosa para obtener un acuerdo a su favor. Por tanto, cuanta más información se pueda recoger sobre la otra parte (situación actual, estilo de negociar, personalidad, motivaciones), tanto mejor será el acuerdo al que se llegue.

Debemos buscar datos de nuestro adversario acerca de su situación financiera, su reputación como negociador (duro, blando, etc.), si tiene problemas internos, cómo toma las decisiones (rápido, despacio, impulsivamente), por qué quiere comprar o vender, etc.

Por otra parte, es importante analizar la información que estamos dispuestos a dar a la otra parte y el momento y forma de hacerlo, ya que la mejor de las informaciones otorga a la persona que la posee el mayor poder en una negociación.

Así, brindar a la otra parte una información seleccionada será lo que defina sus expectativas en la dirección correcta. La experiencia demuestra que los negociadores tienden más a ocultar información que a comunicarla.

ESTRATEGIAS

Como formato general, antes de iniciar cualquier negociación, e independientemente de la estrategia a utilizar, hemos de plantearnos una serie de preguntas que servirán para iniciar la conversación con una cierta tranquilidad:

-Cómo voy a iniciar la conversación.
-Qué preguntas tengo que hacer.
-Qué tipo de argumentos voy a utilizar.
-Qué hecho diferencial voy a reforzar.
-Cómo contestaré a las objeciones previsibles.
-Qué material tengo que presentar.
-Qué documentación y soporte necesito.

La estrategia o táctica de negociación son definidas como los modelos de conducta y actuación que se suceden durante el período de negociación hasta que se da por finalizado el mismo, habiendo llegado o no a un acuerdo satisfactorio.

El objetivo principal es el de conseguir el acuerdo más favorable a nuestros intereses sin haber perjudicado la continuidad de una relación.

El establecer una atmósfera positiva es esencial para que una negociación tenga éxito.

Dentro de la negociación existen las concesiones y los acuerdos. Cada una de las partes debe estar dispuesta a asumir ciertas concesiones sin perder de vista que el verdadero objetivo es lograr el acuerdo, y no algunas concesiones.

Es mejor ceder en algunas concesiones para lograr el acuerdo que no al revés, es decir, obtener algunas concesiones sin cerrar el acuerdo.

En todo caso, y para seguir manteniendo una relación fructífera y estable en el futuro, es necesario que el acuerdo alcanzado resulte ventajoso para ambas partes.

Para estar en disposición de decidir el grado de «ventaja» que permitimos a nuestro oponente, es importante lograr transmitir al mencionado oponente una percepción de poder de nuestro lado, dando a entender que dominamos y controlamos la mayor parte de recursos de intercambio. Con ello se aumenta su grado de dependencia y la necesidad de reducir sus aspiraciones al acuerdo.

Pasamos a reseñar algunas estrategias que utilizan algunos compradores a fin de facilitar su negociación.

ESTRATEGIAS DE COMPRADOR

Proyectos de futuro

Es habitual que el comprador, para forzar nuestra cesión a ciertas pretensiones, utilice la estrategia de colocarnos en una posición ventajosa en la adjudicación de proyectos futuros, relacionados o no con el objeto de la negociación. En este caso hemos de ser muy prudentes y dudar de la veracidad de la oferta. Por ello, hemos de pedir más datos concretos sobre estos proyectos futuros y, en el caso de que la argumentación sea cierta, procurar establecer una especie de preacuerdo para evitar que la oferta haya sido solo ficticia y que en realidad se pensara adjudicar a otro competidor.

Medio cerrar un acuerdo para el futuro es de alto interés para los objetivos de la compañía, aunque ello comporte asumir alguna concesión complementaria.

En este caso, y en todos, es muy importante valorar, dentro de lo posible, el beneficio de la oferta futura, así como la pérdida correspondiente de las concesiones adicionales.

Un balance positivo dará soporte a la decisión.

Proponer un nivel de acuerdo extremadamente bajo

Frente a esta estrategia hay dos caminos a seguir:

1) El primero es el de ofrecer un nivel extremadamente alto, para compensar el nivel de la negociación y lograr un punto intermedio después de la negociación. Este valor alto debe ser justificado para demostrar que nuestra oferta no ha sido estratégica sino real. A partir de este punto se deben conocer los parámetros de que disponemos para reducir (negociar), siempre justificados.

2) Dejar entrever seriamente que con este nivel de precio no se puede negociar, puesto que no cubre los mínimos costes necesarios para evitar las pérdidas y que lógicamente no estamos autorizados a cerrar un acuerdo que provoque efectos negativos en la compañía.

En este momento hay que ofrecer el mínimo nivel que estaríamos dispuestos a aceptar, pero sin negociación. En este punto hay que amparar nuestra propuesta con las ventajas que comporta para el comprador el aceptar nuestra propuesta, en teoría, por encima de sus posibilidades.

Iniciar la negociación de forma agresiva. «El malo»

De buen seguro que en nuestra vida profesional nos hemos cruzado con compradores que se expresan con una agresividad desmesurada. Puede tratarse del carácter del propio profesional o en muchas ocasiones de una estrategia que se usa para decantar el inicio de la negociación de su lado. Sin duda, es más estresante llevar una negociación con personas que muestran esta agresividad.

La única forma de compensar la situación es la de resaltar los aspectos positivos de nuestra oferta y los aspectos negativos de la parte opositora. Resaltar los aspectos positivos de nuestra relación comercial y de los acuerdos cerrados hasta aquel momento. Se trata de darle la mínima oportunidad de expresarse agresivamente.

En ningún caso hay que ceder a causa de la agresividad. Antes debe uno mostrar firmeza y dejar entrever que se está dispuesto a no continuar con la negociación.

Amenazas con otras ofertas mejor situadas

Es una forma habitual del comprador al empezar una negociación. Hemos de intentar reconocer con el máximo de garantía la veracidad de esta afirmación.

Si tenemos dudas fundamentadas de esta veracidad, hemos de seguir con nuestra estrategia cuidando de que no se descubra *su mentira*, ya que esta circunstancia dejaría en mala situación al comprador y su reacción podría ser incontrolada.

Si entendemos que es cierto, solo podemos argumentar con mejoras de producto, servicio, tecnología y garantías de futuro.

Si el lograr el acuerdo es de gran importancia para nosotros, podemos estudiar, siempre cuantificada, ofrecer alguna concesión adicional, en compensación. No hay que olvidar nunca que vivimos y progresamos a través del producto global y no del individual.

Hacer incidencia en nuestros puntos débiles

Se suele incidir en nuestros puntos débiles para disminuir de *partida* nuestros poderes. De esta forma nos encontramos en una situación más débil y por tanto en desventaja para negociar. En este caso hemos de compensar la situación, resaltando de forma amplia y convincente nuestras fortalezas. Argumentar con un *planing* serio y creíble las acciones correctivas emprendidas para fortalecer nuestros puntos débiles, con el compromiso de mantener al comprador al corriente de la evolución que en dichos factores se vayan produciendo.

Hacer chantaje emocional

Puede ser un chantaje emocional particular, es decir, alguna circunstancia que afecta directamente al comprador, o chantaje emocional empresarial, que afecta a la marcha de la empresa (mala situación económica).

En cualquiera de los casos, hay que estar muy convencido de la veracidad de la afirmación y, en caso que se esté dispuesto a ceder en algo, hay que asumir que este *algo* se va a perder. Por ello se recomienda ser muy prudente y no ofrecer ninguna concesión ni cerrar ningún acuerdo que pueda perjudicar los intereses de nuestra compañía.

Es una situación muy delicada en la que tendremos que buscar el mejor equilibrio entre lo que cedemos y lo que nos cuesta.

Dejar el acuerdo «casi» cerrado para lograr los últimos flecos

Es otra de las estrategias utilizadas por algunos compradores. Nos dejan entrever que ya hemos cerrado el acuerdo pero sin oficializarlo. Con ello nosotros corremos el riesgo de comunicarlo de forma oficial y es a partir de este momento cuando el comprador utiliza nuestra *dificultad* para volver atrás en la negociación y obtener con ello los últimos flecos que sin duda cederemos para no poner en duda una operación que habíamos dado por cerrada.

No es poseedor de la «última decisión»

Es otra de las situaciones que nos puede desgastar inútilmente. Llevar una compleja negociación con resultados aceptables por ambos lados y después conocer que nuestro acuerdo debe ser sometido a la aprobación de otra jerarquía superior. En este caso hay muchas posibilidades de que esta última jerarquía también exija una *nueva* concesión o rebaja.

En cualquier caso hay que dejar muy claro que la persona con la que se negocia tiene la facultad del cierre. En caso contrario deberá reservarse una *pequeña* concesión para el cierre definitivo.

Hay que vigilar que esta nueva y definitiva concesión a la alta jerarquía no hiera la sensibilidad del comprador que ha llevado el peso de la negociación.

EL CIERRE

Es la culminación del verdadero negociador. Es una habilidad que, aunque tiene algo de innato, tiene mucho de formación y aprendizaje, y como tal puede ser aprendida y desarrollada.

De nada nos sirve una ardua y maravillosa negociación si al final se logra un acuerdo insuficiente o, que por el motivo que sea, no se llegue al acuerdo.

El propietario de una multinacional alemana me comentaba: «Necesito comerciales que marquen goles y no que hagan un excelente partido con resultado de empate o de pérdida», en alusión directa a la necesidad de «cerrar».

Las extensas enseñanzas y reflexiones que hemos desarrollado en el capítulo de la negociación deben servir de base para la culminación del cierre. No se puede cerrar sin haber desarrollado todas las fases previas de la negociación que hemos mencionado y, por el contrario, cuanto más eficaces hayamos sido en estas fases previas al cierre más posibilidades tendremos de lograr un acuerdo ventajoso.

Tal como hemos visto, la negociación es un proceso de acercamiento de posiciones y por tanto la inquietud de la eficacia del cierre dependerá de lo más o menos alejados que estemos de nuestra situación aceptable o límite.

Teniendo en cuenta que en la mayor parte de las negociaciones el transcurso y prolongación de la misma disminuye nuestro resultado, será de alto interés cerrar lo más rápidamente posible.

Normalmente una negociación larga solo puede perjudicar nuestros intereses, puesto que, a pesar de disponer de una mayor oportunidad para ofrecer las ventajas de nuestro producto, también nuestro opositor dispone de una mayor oportunidad para buscar nuestros puntos débiles, que sin duda perjudicarán nuestro acuerdo. Pensemos que, salvo raras excepciones, la prolongación de una negociación nos perjudica.

Tipos de cierre

Cierre por acuerdo de punto de encuentro.

Es el cierre básico por excelencia. Hemos de luchar para cerrar lo más lejos posible de nuestro punto límite inferior, pero procurando siempre que nuestro opositor también se sienta satisfecho con lo conseguido.

Insistimos en el hecho de que un cierre rápido suele ser más ventajoso que un cierre después de una negociación más prolongada.

Después del cierre es necesario establecer algún tipo de formalización de condiciones a fin de evitar posibles discusiones y malos entendidos posteriores.

Cierre con concesiones adicionales.

Esta suele ser una de las formas más comunes de cierre de negociaciones. Suele corresponder a aquellas negociaciones en las que no hemos podido ceder a las pretensiones del comprador y que, con el fin de llegar a un acuerdo, se han cedido algunas concesiones adicionales ligadas o no al objeto de la negociación.

Es importante confirmar que la cesión de la concesiones correspondientes se acepta únicamente en el caso de un acuerdo cerrado y en ningún caso como avance de la negociación.

En estos casos hemos comentado la importancia de conocer la cuantificación de las concesiones para garantizar que el acuerdo sigue siendo favorable a nuestros intereses.

También suele darse el caso de concesiones parciales, es decir, que afectan solo a una parte de los productos o afectan a la duración o vigencia de los mismos en los términos preestablecidos.

Cierre con alternativa.

Se denominan de esta forma aquellos cierres de negociación que dejan en el aire la elección de más de una alternativa.

Este tipo de negociación tiene el aspecto positivo que permite al comprador elegir con un mayor margen de posibilidades.

En estos casos es fundamental definir el tiempo que se concede para la definición de la alternativa seleccionada.

Efectuar resumen del cierre.

En cualquier caso es necesario establecer un protocolo que recoja todos los pormenores de nuestro acuerdo, incluidas las concesiones potenciales que se han podido producir. Este documento, consensuado previamente por ambas partes, evita los errores de interpretación que se pueden producir a la hora de emitir el pedido definitivo.

Decálogo de recomendaciones generales

-Conocer previamente las necesidades del comprador.

-Efectuar la negociación con la persona que tenga atribuciones para decidir, manteniendo una atmósfera de confianza en todo momento.

-Ofrecer los productos nuevos o de nuevas tecnologías antes de que la negociación se haga con los productos habituales.

-Procurar que el cliente comprenda nuestra oferta en todo su valor, ofreciendo la cantidad de detalles necesaria.

-Conocer y preparar previamente la solución a las dificultades que previsiblemente nos pondrá el comprador.

-Tener preparadas las soluciones a puntos de bloqueo tales como la técnica de la alternativa o la táctica de la anticipación.

-Guardarse una última concesión ligada o no al objeto de la negociación para garantizar el cierre.

-Resumir de vez en cuando el estado en el que se encuentra la negociación, destacando los puntos en los que el cliente está de acuerdo.

-Mostrar las ventajas que comportan un cierre con rapidez.

-Resumir el acuerdo final con el suficiente detalle para que se evite cualquier duda posterior.

ANÉCDOTA 7
Estrategias de comprador

Hemos hablado en uno de los capítulos sobre las estrategias del comprador. También hemos resaltado la necesidad de PREPARAR las visitas a los departamentos de compras, tanto en términos de lo que podemos ofrecer como, y muy importante, de lo que queremos conseguir.

Aunque en estos momentos la mecánica de la evolución de precios se rige por otras normas, hace algunos años, una o dos veces al año se llevaba a cabo la negociación para conseguir el anhelado **aumento de precio.**

Esta es la historia

Eran las épocas en las que una vez al año se negociaba el aumento de precio en base a los aumentos de la materia prima, el aumento salarial y el aumento de los suministros. Como compensación se ofrecía un cierto porcentaje de productividad. Todo muy elemental.

Habíamos preparado con toda suerte de detalles y de justificaciones los argumentos que íbamos a presentar a un importante fabricante de amortiguadores europeo, para transmitirle y defender nuestra propuesta de aumento de precio.

Fuimos recibidos amablemente por la secretaria del departamento e invitados a sentarnos en unos cómodos sillones, mientras esperábamos que el todopoderoso director de Compras terminase una conversación telefónica que estaba manteniendo en aquel momento.

La sala de espera estaba relativamente cerca del despacho, de forma que, no una conversación normal, pero sí que se podía oír la conversación si el tono de voz era muy alto.

A lo que íbamos. El susodicho director de Compras le estaba pegando una bronca impresionante a un hipotético proveedor que había osado solicitarle un aumento de precio y que, por la conversación que seguíamos casi sin esfuerzo, con argumentos muy similares a los que nosotros escrupulosamente habíamos preparado e íbamos a presentar.

Esta conversación con el hipotético proveedor duró unos 10 minutos, hasta que el comprador colgó, profiriendo amenazas terribles sobre el pobre mencionado proveedor.

Se abrió la puerta y, como si no hubiese pasado nada, apareció muy amable el director de Compras, dándonos la bienvenida y preguntando cuál era el motivo de nuestra visita.

La estrategia utilizada fue hablar de otros temas varios y anunciar para una próxima visita la revisión de precios, avanzando parte de los argumentos que eran indiscutibles, y preparando de nuevo la visita con nuevos factores que habían surgido de la conversación telefónica con el hipotético proveedor. Nunca sabremos si el hipotético proveedor al otro lado del teléfono existía o era estrategia de comprador.

Con la nueva preparación, y con nuevos argumentos preparados, en la siguiente visita conseguimos el aumento de precio.

COROLARIO

Es importantísimo conocer la estrategia y argumentos del comprador para preparar correctamente nuestras visitas.

Es importante realizar las visitas en el momento adecuado.

No nos dejemos impresionar por actuaciones teatrales y actuemos con profesionalidad defendiendo nuestros argumentos. Puede que no lo consigamos a la primera, pero mantengamos la perseverancia y seguro que a la segunda o a la tercera lograremos el objetivo.

CAPÍTULO 8

FIDELIZACIÓN DEL CLIENTE

El cliente se fideliza en base a dos conceptos fundamentales que, a pesar de estar relacionados entre sí, se materializan de forma separada y con elementos completamente diferenciados.

Estos dos conceptos son:

-Atractivo profesional.

-Atractivo personal.

Está claro que el **atractivo profesional** es el que desarrollaremos como base de la fidelización, por tratarse de aspectos estructurales del negocio, y por ser el que permite involucrar toda la organización, tanto desde el lado del fabricante como desde el lado del consumidor.

La base para desarrollar este atractivo profesional es poseer en grado máximo los parámetros del llamado decálogo de la excelencia, dentro del cual está comprendido el parámetro de la ASISTENCIA, que es al que se atribuirá el **atractivo personal**.

Estos parámetros son:

-Logística.

-Calidad.

-Precio.

-Tecnología.

-Finanzas.

-Organización.

-Desarrollo/innovación.

-Inversiones.

-Internacionalización.

-Asistencia.

Vamos a desarrollar brevemente cada uno de ellos en sus facetas más valoradas por el cliente.

LOGÍSTICA

Es la característica más elemental dentro de la relación comercial entre dos empresas. Se trata de desarrollar y cumplir escrupulosamente el modelo del *just in time*. Entregar justo lo que piden y cuando lo piden.

Somos conscientes de que la reducción sistemática de stocks en el consumidor implica una generación de ministocks de seguridad en las instalaciones del fabricante.

También se crea la necesidad de desarrollar una buena automatización y cambios rápidos de utillajes que permitan un *lead time* adecuado para cada producto. Los controles estadísticos y automáticos para garantizar la calidad del proceso son también necesarios.

Un experto en *lean manufacturing* es altamente eficaz para garantizar este parámetro del decálogo.

También es fundamental para obtener una logística rigurosa disponer de una programación muy detallada, versátil y flexible, de forma que se desarrolle un flujo productivo de máxima productividad y rentabilidad.

Todo ello nos permitirá trabajar con stocks mínimos de materiales, lo que sin duda repercutirá en el beneficio de nuestra economía.

Como última fase del proceso logístico, es necesario disponer de un amplio conocimiento sobre transportes en general, aranceles y disposiciones legales ligadas al tráfico internacional.

Ante cualquier eventualidad que dificulte o impida el cumplimiento de un compromiso programado, es fundamental establecer el contacto inmediato con el responsable logístico del consumidor para alertarle del riesgo de incumplimiento, así como del incidente que lo ha motivado.

Un plan de acciones para recuperar eventuales retrasos es sin duda una acción valorada positivamente por el logístico del consumidor.

Ante cualquier eventual problema, no esperar a que sea el tiempo el que lo resuelva y avanzarse a las potenciales repercusiones con CONTACTO, CONTACTO Y CONTACTO.

CALIDAD

Suele ser uno de los parámetros que más valora el cliente o, mejor, dicho al revés, que si nuestra calidad no se corresponde con los estándares exigidos en la profesión no hay ninguna posibilidad de progreso o acceso a nuevos productos.

Con una cierta falta de calidad solo podemos aspirar a mantener el negocio existente y de todos modos con riesgos económicos de alta consideración debido a cargos por reclamaciones, retrabajos, controles unitarios y, por qué no, en el caso de la automoción, enormes cargos por llamada de vehículos o *recall*.

En el hipotético caso de producirse un problema de calidad, es absolutamente necesario preparar y someter al cliente a un plan de acciones correctivas, riguroso y eficaz, a través de técnicas tipo «5 por qué», y todo ello expresado en un *planing* de tiempo, liderado por un responsable y supervisado por la dirección de Calidad.

Cualquier tipo de negociación se suele ver dificultada e incluso interrumpida si existen problemas de calidad.

En caso de una calidad impecable, no hay que esperar ningún tipo de felicitación o alabanza, puesto que solo estamos cumpliendo con nuestras condiciones de contrato.

PRECIO

No es necesario resaltar que el precio es el parámetro por excelencia para lograr un progreso eficaz y duradero con un cliente.

Aunque por parte de cliente es difícil reconocer esta prioridad, hemos de ser conscientes de que necesitaríamos muchos parámetros favorables del resto del decálogo para progresar en un cliente con precios desfavorables respecto de la competencia.

También está claro que únicamente un precio favorable no es suficiente para acceder a nuevas oportunidades de negocio si no se acompaña de una situación favorable del resto de parámetros del decálogo.

TECNOLOGÍA

La calidad del producto no se controla; se produce. Las organizaciones actuales no se pueden permitir trabajar y producir con riesgos de calidad asociados. Por ello es necesario disponer de unos procesos totalmente fiables, asumiendo lo que a nivel de inversión industrial y organizativa comporta.

Un proceso fiable solo se obtiene a partir de unos medios industriales de alta tecnología y con una eficaz y probada explotación.

Si nuestro producto es de alta tecnología y nuestro cliente de alto nivel de exigencia y prestigio, se nos exigirán unos medios de producción acordes a la solicitud del propio producto.

FINANZAS

Los grandes consumidores solo pueden aceptar como proveedor a aquel que haya probado amplia y duraderamente su buena salud financiera.

Ninguna central de compras puede asumir el riesgo que comporta suministrarse de un proveedor con problemas de continuidad.

Los mercados están expuestos a faltas de suministro por huelgas particulares, huelgas de país, incidentes graves atmosféricos Pero nunca pueden arriesgarse a sufrir un corte de suministro por una causa que debía haber sido prevista.

Si existen dificultades económicas, es absolutamente necesario buscar una solución de forma que el cliente pueda mantener la confianza en la continuidad de la empresa.

Ningún otro parámetro del decálogo, por más favorable que fuese, sería suficiente para permitir el progreso como proveedor.

ORGANIZACIÓN

Los planes de auditorías que en la actualidad se imponen a las empresas prácticamente garantizan la fiabilidad de sus organizaciones. Todos los departamentos, sin excepción, son analizados y comparados a una organización marco que sirve de base, independientemente de la actividad.

Hemos de ser rigurosos y fieles con el cumplimiento de los procedimientos que avalan la fiabilidad de la organización.

Un mal resultado en una auditoría de las llamadas «de sistema» o «medio ambientales» pondría en duda nuestro prestigio y con ello nuestro progreso frente a consumidores de alta organización o renombre internacional.

DESARROLLO / INNOVACIÓN

Dado el grado de globalización de nuestros mercados, los clientes o consumidores de producto necesitan disponer de proveedores fuertes y preparados técnicamente.

Estamos básicamente de acuerdo en que «si hago muy bien lo que estoy vendiendo, lo seguiré vendiendo», pero esta máxima de la venta cada día es más débil debido a la gran velocidad que experimentan los cambios tecnológicos, y por tanto es de alto riesgo pensar que mi producto de hoy, si no lo adapto a las nuevas necesidades del mercado, seguirá estando vigente en un próximo o lejano futuro.

Solo una empresa que está preparada para abordar los cambios tecnológicos que el mercado requiere tendrá posibilidades de ser aceptada por el propio mercado.

El producto artesanal existe y existirá, pero queda fuera del contexto de este tratado.

INVERSIONES

Los clientes confían su futuro a proveedores que demuestran que están por la vía del progreso, y este camino suele ser paralelo a un meditado y preciso plan de inversiones.

De otro lado, las inversiones suelen ser síntoma de buena salud financiera, con lo que se ve reforzado otro parámetro del decálogo.

INTERNACIONALIZACIÓN

En un mercado global como el que nos ocupa, se prioriza aquel proveedor que está cerca de los puntos de consumo.

Teniendo en cuenta que grandes fabricantes tienen sus centros de producción en diversos países del mundo, es un punto de ventaja importante, para convertirse en proveedor prioritario de este fabricante, poder ofrecer servicio y suministro desde algún lugar relativamente cercano al punto de consumo.

ASISTENCIA

La llamada «asistencia al cliente» es, dentro de la relación comercial con el cliente, uno de los factores más importantes para conseguir un estatus de progreso eficaz y duradero, y con ello obtener la tan ansiada fidelización del cliente.

Mi larga experiencia en este campo me permite ofrecer al lector una serie de recomendaciones que sin duda le serán de gran utilidad.

Desplazaremos el término asistencia para introducir un término más próximo e íntimo, que será el de **relación**.

Tal como hemos mencionado anteriormente, las relaciones humanas son una parte fundamental de cualquier línea de negocio que no se produzca *on line*, y por ello le hemos de dar una importancia capital.

La máxima y más frecuente relación que llevamos en cualquier negociación suele ser con el departamento de Compras.

El departamento de Ingeniería también está involucrado en negociaciones que puedan tener un aspecto de mayor innovación o de nuevo proveedor. Por ello, el departamento de Compras como prioritario y el de Ingeniería como influenciante son los entes a los que hemos de dedicar nuestra presencia y asistencia continuada, sin olvidar a los departamentos del *entorno* tales como Calidad, Logística...

Vemos los parámetros de interés de los departamentos mencionados.

Compras

Qué debes aportar.

Interés económico. Ventajas *versus* competencia. Hecho diferencial *versus* competencia. Asistencia continuada. Amplificar puntos fuertes de la situación que se trate. Reforzar puntos débiles de la situación que se trate. Trato respetuoso, pero cercano y amistoso. Proponer visitar las instalaciones.

Cómo te quieren ver.

Estás allí para resolver SU problema, no el tuyo. Te ven como SU representante en la empresa del proveedor. Tu presencia equivale a solución. Ven en ti a la persona que hace el seguimiento de la situación que se trate y que se esfuerza en que se cumpla el *planing* establecido.

Qué debes conocer.

Técnicas que emplea el comprador y técnicas de negociación. Nivel de precio, óptimo, medio y mínimo, y margen por producto y global. Evolución del cliente. Situación de la competencia.

Conocimiento de la competencia.

El conocimiento de la competencia nos permite en cualquier momento que consideremos estratégico resaltar sus puntos débiles y minimizar sus puntos fuertes.

Hemos de tener en cuenta que la amenaza de la competencia estará siempre presente a lo largo de una negociación.

Conviene no apoyarse nunca en argumentos falsos o no comprobados que podrían volverse contra nosotros y nuestra veracidad.

Aportar algún hecho diferencial.

Es de altísima eficacia si somos capaces de relacionar nuestro producto con algún hecho diferencial respecto de la competencia.

Este hecho puede ser técnico sobre el propio producto, algún proceso específico, algún proveedor especial o alguna inversión concretamente dedicada. Experiencias contrastadas que garantizan la fiabilidad también son útiles en estos casos.

Todo ello ayuda a elevar nuestro prestigio industrial y a situarnos en un mejor nivel competitivo.

Estás allí para resolver SU problema, no el tuyo.

Tu imagen de *solución* ha de ser más notoria que la de negociante. Si el cliente tiene un problema, del orden que sea, has de procurar involucrarte para resolverlo.

Ingeniería

Alto conocimiento técnico del producto / proceso.

Los departamentos de Ingeniería suelen intervenir básicamente en todas las situaciones y entornos relacionados con aspectos técnicos del producto *per se*, así como del proceso inherente a su fabricación.

Un buen conocimiento del producto y del proceso permite una discusión o negociación soportada por una base científica difícil de rebatir. Ello debe permitir y permite la obtención de concesione técnicas y de calidad que en caso contrario sería muy difícil obtener.

Alto conocimiento de la aplicación.

Es igualmente útil y de interés, a fin de evitar propuestas incoherentes, el conocer la aplicación de nuestro producto y analizar, siempre que se pueda, la función del elemento o conjunto donde nuestro producto proporciona su aportación.

Interesa también este conocimiento para poder efectuar análisis de montaje y de cadenas de cotas, ejercicios muy útiles para deseverizar la exigencia sobre nuestro producto.

Conocimiento de alternativas tecnológicas.

El conocimiento de las alternativas tecnológicas de nuestro producto nos permite de antemano elaborar un estudio de ventajas e inconvenientes técnico-económicos que eliminarían, o como mínimo dificultarían, cualquier propuesta de cambio tecnológico.

Ofrecer confianza técnica.

Se resumiría en ofrecer esta seguridad y fiabilidad sobre la ejecución del producto, debido al alto conocimiento tecnológico sobre su proceso.

La Ingeniería del cliente ha de encontrar en nosotros a un interlocutor que comprenda sus problemas y que sea capaz de aportarle soluciones.

Otros puntos favorables.

-Seguimiento y cumplimiento del *planing* establecido.

-Ofrecer al equipo de Ingeniería presentaciones técnicas de la tecnología y de los productos correspondientes.

-Organizar una presentación técnica sobre alguna novedad que se pueda ofrecer, tanto en el aspecto de la propia tecnología como de algún elemento diferencial que se haya incorporado al proceso.

-Disponer y ofrecer catálogo técnico específico (no el institucional).

-Siempre que se pueda, organizar algún trabajo en común con la Ingeniería del cliente.

-Si nuestra situación y estatus tecnológico nos permiten organizar algún proyecto de nivel europeo con el cliente y alguna institución científica, lograremos que el propio cliente nos sitúe en un plano de alto nivel profesional y de relación, con el consiguiente beneficio que ello comporte.

Acción general para el cliente

Proponer visitar las instalaciones.

La sola oferta de la visita ya refleja una seguridad en el proceso y en la organización. Para ello, habrá que preparar la visita, dándole la importancia que merece y haciendo lo necesario para obtener un buen resultado a nivel de impresión o en su caso de cualificación. Visitar detalladamente el proceso, priorizando aquellos puntos de interés para el cliente y de interés para nosotros (hechos diferenciales).

No olvidemos que la impresión de una visita, buena o mala, permanece mucho tiempo en el recuerdo del visitante.

Trato cercano y amistoso.

El cliente ha de percibir un trato de respeto, pero de igual a igual. Él compra tú producto pero posiblemente tú compras su producto final. Tú fabricas unos elementos y él fabrica otros. Sois dos industriales que os necesitáis y os complementáis.

Aprovechemos las ocasiones que tengamos para acercarnos socialmente a él, dándole asistencia personalizada. Hemos de procurar que se sienta cómodo, profesionalmente hablando, en todo momento. Contactarle o visitarle con frecuencia, independientemente de las oportunidades de negocio que puedan surgir.

Es muy positivo si se logra mantener un trato social personalizado.

Resumen

LOGRAR QUE EL CLIENTE TENGA NUESTRA CONFIANZA Y NOS DÉ LA SUYA.

Nota.

Atención con los representantes. Han de cumplir con el máximo de los parámetros descritos.

ANÉCDOTA 8
Cena multicultural

Podréis ver a través de varios capítulos que uno de los factores del éxito en las ventas es el de ofrecer algún hecho diferencial de nuestro producto respecto del de la competencia.

Aquí intento trasladar este hecho diferencial, no solo al producto, sino al concepto de asistencia al cliente, y básicamente en el aspecto relacional.

Los compradores suelen ser muy celosos de sus estrategias y de sus condiciones de compras, tanto al respecto de nuestra competencia como de la suya. Por el contrario, están abiertos a conocer pequeñas intimidades de nuestra relación comercial con su competencia.

Diríamos que viven en una célula desde donde gestionan los parámetros de su empresa, para que nada se escape, pero que les gustaría ampliar su conocimiento conociendo lo que pasa en otras células.

Esta es la historia

En los años 90 no disponíamos de red comercial propia en Francia y nuestros representantes formaban parte de la empresa más importante de Europa, gestionando la importación de productos para la automoción. Tenían su sede central en París, sus representadas eran los primeros fabricantes de componentes para la automoción europea (la mayoría alemanes), y sus clientes la totalidad de la industria francesa de la automoción.

Como no podía ser de otra forma, disponían de un magnífico **stand** en el Salón del Automóvil de París, y para ellos este evento era una oportunidad para poder contactar con los clientes más variados, no en **casa** del cliente, sino en **su casa** (su **stand**).

Hasta aquí no hay nada de especial, puesto que esta oferta del **stand** y visita de clientes era utilizada por varios miembros de la competencia, tanto española como del resto de Europa.

El hecho diferencial estaba en que cada mediodía se organizaban dos comedores de 20 personas en el propio **stand**, a los que se invitaban básicamente compradores e ingenieros, todos ellos pertenecientes a las diversas empresas de automoción europeas. El responsable de compras de Mercedes, por ejemplo, sentado al lado del responsable de compras de Peugeot, y el responsable de la caja de cambios de Renault sentado al lado del ingeniero de BMW, y todos departiendo amigablemente durante dos o tres horas bajo el manto protector de nuestro representante y de nosotros mismos.

Os aseguro que de este encuentro tan especial y atípico se habló durante semanas, y el organizador, nuestro representante, se había convertido en **alguien** con un hecho diferencial que le otorgaba ciertos privilegios a los que no podía acceder el resto de la competencia.

En otra ocasión, y aprovechando un evento especial de nuestra empresa, habíamos repetido la experiencia de sentar alrededor de la mesa, con obsequio incluido, a una 40 personas pertenecientes a varios fabricantes de la automoción europea (compras e ingeniería). El motivo oficial del evento era festejar nuestro 50 Aniversario, y el restaurante escogido en París fue La Maison de la Catalogne, en el barrio de Saint Germain.

La cena fue **diferente**, y el éxito del encuentro espectacular.

COROLARIO

Busca aquel hecho diferencial, tanto en el producto como en tu relación personal, que te permita destacar como fabricante y como profesional, por encima de tu competencia.

Un hecho diferencial es un valor añadido incuestionable que ningún cliente puede despreciar.

CAPÍTULO 9

RESISTENCIA A LOS CAMBIOS

Puede debatirse si los empleados son favorables o no a los cambios. Lo que no se puede discutir es la necesidad que tiene la alta dirección de hacer frente a su impacto. Es fundamental para el buen desarrollo de la compañía que los ejecutivos aprendan a gestionar esta función.

¿Qué es lo que origina que personas enfrentadas a cambios tecnológicos y sociológicos se resistan a tomar decisiones de vital importancia para la continuidad y progreso de sus empresas?

Estudios recientes consideran que el individuo desarrolla un contrato psicológico con la empresa a través de la relación costo-beneficio, y que cualquier efecto interno-externo que puede alterar esta relación, tal como una innovación o cambio, puede quebrantar este contrato, y que de esta nueva condición se desarrolla una resistencia al cambio.

Uno de los casos más frecuentes en nuestra industria es la resistencia al cambio, por alterar las relaciones de mando, y básicamente si estas se producen a alto nivel.

Para vencer los efectos negativos de estos cambios se recomienda concentrar los esfuerzos en dos áreas:

-Establecer un diálogo cuanto antes con todas las personas involucradas en el mencionado cambio y empezando de arriba hacia abajo. El tipo de diálogo o comunicación se elegirá en cada caso y según las circunstancias.

-Luchar por el logro de los de los objetivos presupuestarios planeados a fin de asegurar la estabilidad en la transferencia de autoridad. Esta medida tiende a calmar los temores del personal.

Toda innovación lleva a un cambio

Innovación no es necesariamente la invención o aplicación de productos o sistemas nuevos. La innovación tiene un significado mucho más amplio. Incluye la forma en que las empresas están organizadas, los medios empleados para producir o comercializar, sistemas de financiación o cómo se administran las personas, incluidas nuevas ideas sociales.

Para aplicar cualquiera de estos cambios es preciso buscar un medio de comunicación acorde a la importancia y dimensión del cambio.

No hay que introducir un cambio, sin más, y esperar que los empleados se vayan adaptando.

Crear un ambiente propicio a los cambios

Es necesario crear un ambiente dentro de la empresa que anime a los empleados a buscar oportunidades y a explotarlas. Alex d´Arbeloff lo llama «crear un ambiente de empresarios». Para ello es preciso lograr la participación del mayor número posible de personas en las fases de planteamiento, decisión e implantación de la innovación o cambio.

Deben examinar la situación objeto de cambio desde el punto de vista de las personas afectadas, al igual que en nuestras relaciones comerciales con el cliente enfocamos la venta de un producto de acuerdo a los intereses del propio cliente o consumidor.

Fases para la implantación

Se propone un programa de seis fases para ayudar a la implantación de un cambio:

-En la fase de inicio debemos anticipar y analizar todos los problemas que puedan surgir.

-Comunicar a las personas involucradas y afectadas las razones del cambio. Hemos de buscar las características fuertes e informar de los beneficios del cambio.

-Proveerse de un buen sistema de comunicación. Efectuar reuniones frecuentes para analizar la evolución del cambio y poder intervenir en caso de creerlo necesario.

-Involucrar de forma muy especial y directa a aquellas personas que estarán en contacto directo con los empleados afectados. Estas personas deben efectuar una cierta tarea de psicólogos.

-Proporcionar una adecuada motivación para el cambio. Las motivaciones pueden incluir recompensas.

-Es necesario que cualquier cambio estructural u organizacional venga totalmente amparado y soportado por el máximo nivel jerárquico de la empresa.

ANÉCDOTA 9
La soledad

Hemos hablado en diversas ocasiones de la necesidad de estar involucrados en el proyecto de la empresa y de sentirnos parte integrante del mismo. Solo este sentimiento es el capaz de hacernos sentir útiles para la empresa y para la sociedad.

La vida profesional del mundo comercial goza de muchos momentos de euforia y de muchos momentos socialmente ricos, pero no olvidemos que también son muchos los momentos de soledad, de viajes interminables sin compañero de viaje, de comidas y cenas sin compañero de mesa y de multitud de noches sin compañero alguno que te pueda dedicar aquellas palabras de ánimo o de consuelo que, como ser humano, muchas veces necesitamos.

El verdadero profesional debe ser capaz de hacer de la soledad su compañero de viaje.

Esta es la historia

Era uno de mis últimos viajes antes de la jubilación. Regresaba de una dura visita a un cliente del este de Francia y decidí pasar la noche en el Hotel du Park de Mulhouse.

Era un hotel clásico de principios de siglo XX totalmente restaurado. Mantenía el sabor de lo antiguo pero con el confort de la restauración.

Me hundí en un precioso sillón **chester** color tabaco situado en el penumbroso bar del hotel y me dispuse a deleitarme con las notas de un piano que suavemente amenizaba la velada, mientras con mis manos calentaba una copa de cognac Hennessy. Eran momentos de felicidad individual, de relax mental.

La **soledad**, mi compañera de viaje de tantas y tantas veladas, me estaba acompañando casi por última vez. En aquel momento quise rendir homenaje a aquella persona que con su buen hacer y buen estar me había enseñado a ser feliz, en soledad, y a disfrutar de las cosas buenas que la vida te puede ofrecer, en soledad.

Le llamé, nos emocionamos y nos comprendimos.

COROLARIO

En tu profesión no dejes nunca que los malos momentos te conduzcan al desánimo. Disfruta sanamente de los buenos momentos que la profesión te ofrece. Busca encontrarte a ti mismo.

Hagas lo que hagas, hazlo bien.

SÉ FELIZ CON LO QUE HAGAS Y QUE LO QUE HAGAS TE HAGA FELIZ.

Printed in Great Britain
by Amazon

84810270R00077